August Oncken

Die Maxime Laissez faire et laissez passer, ihr Ursprung, ihr Werden

August Oncken

Die Maxime Laissez faire et laissez passer, ihr Ursprung, ihr Werden

ISBN/EAN: 9783743312937

Hergestellt in Europa, USA, Kanada, Australien, Japan

Cover: Foto ©Thomas Meinert / pixelio.de

Manufactured and distributed by brebook publishing software (www.brebook.com)

August Oncken

Die Maxime Laissez faire et laissez passer, ihr Ursprung, ihr Werden

Berner Beiträge zur Geschichte der Nationalökonomie Nr. 2.

Die Maxime
Laissez faire et laissez passer,
ihr Ursprung, ihr Werden.

Ein Beitrag
zur
Geschichte der Freihandelslehre

von

Dr. August Oncken
Professor der Nationalökonomie an der Universität Bern.

Bern.
Druck und Verlag von K. J. Wyß.
1886.

Inhalt von Nr. 1

der

Berner Beiträge für Nationalökonomie.

Der ältere Mirabeau

und die

Oekonomische Gesellschaft in Bern.

Rektoratsrede

gehalten am

Stiftungsfeste der Universität Bern den 14. November 1885

von

Dr. August Oncken

Professor der Nationalökonomie.

5 Bogen 8° — Preis Fr. 1. 20.

Die Ueberlieferung.¹)

Habent sua fata libelli! Das gilt auch von einzelnen Sätzen, sogar Worten, zumal wenn sie einen programmartigen Inhalt umschließen, der sie im Kampfe der Parteien zur Erkennungsformel, zum Schlagwort erhebt.

Hin und hergeworfen im Munde Tausender, bleiben sie weder der Form noch dem Inhalte nach immer dieselben, und diesen Wandlungen im Einzelnen nachzugehen, gewährt nicht blos den Reiz der Merkwürdigkeit, es ist auch ein Stück Kulturgeschichte, das sich in der Entwicklung einer derartigen Programmformel spiegelt. Zugleich wird man nachdrücklich darauf hingewiesen, daß es im handelnden Leben nicht die Individuen allein sind, welche gestaltend eingreifen, daß es außerhalb derselben gewisse Willensmächte gibt, welche, allgemein über einem Zeitalter schwebend, die gerade lebenden Personen zur Heerfolge zwingen, manchmal gegen deren Willen.

Diese mehr geahnten als mit klarem Bewußtsein erkannten Willensmächte schaffen sich ihr eigenes Kleid, es sind kurze Sprüche, Schlagworte. Selten kennt man ihren Ursprung; aber einmal ausgesprochen, werden sie zu geflügelten Worten, sie laufen von Munde zu Munde und erhalten wohl die Bedeutung von Feldzeichen in den Kämpfen des Zeitgeistes.

Jede Abtheilung des geistigen Lebens hat ihre derartigen Wahrzeichen, auch die Nationalökonomie, und hier ist es zu-

---

¹) Die nachstehende Abhandlung ist die weitere Ausführung zweier Vorträge, welche der Verfasser seiner Zeit im Historischen Verein der Stadt Bern gehalten hat.

mal Eine Sprachformel, welche, wie selten eine andere auf verwandten Gebieten, sich eine geradezu erstaunliche Herrschaft zu erwerben vermochte, es ist die Maxime laissez faire et laissez passer!

Ihre Zauberkraft ist jetzt vorüber. Die Parole hatte ihre Bedeutung, so lange es galt, eine alte abgestandene Wirthschaftsordnung bei Seite zu schieben, um für frische, aus dem Boden dringende Keime Platz zu gewinnen. In dem Augenblicke, wo tabula rasa gemacht war, hatte die Formel ihren Beruf erfüllt. Sie war nur auf Verneinung gerichtet gewesen, zum Aufbau versagte sie ihren Dienst. Die positiven Ziele, welche unser Gesellschaftsleben sich wieder gesetzt hat, oder besser, die ihm von dem Gange der Kulturentwicklung vorgeschrieben worden sind, bedürfen anderer Maximen. Vielleicht ist eben darum der geeignete Augenblick gekommen, eine Rückschau zu halten auf das Entstehen und Werden dieses Schlagwortes, das nunmehr ganz der Geschichte angehören dürfte und daher zu einer parteilosen Geschichtsschreibung die Möglichkeit gibt.

Wie so häufig bei Schlagworten liegt der Ursprung der Formel laissez faire et laissez passer im Dunkeln. Ihrer sprachlichen Fassung nach deutet sie auf französischen Ursprung und es hat auch nie ein Zweifel darüber bestanden, daß derselbe in Frankreich zu suchen sei. Wohin aber im besondern und in welche Zeit zu versetzen, darüber schwanken die Annahmen.

Zunächst muß man sich darüber klar sein, daß der zufällige Gebrauch jener Wortzusammenstellung, wozu es ja aus tausend Anlässen kommen kann, nicht für die Geschichte der Formel in Betracht fällt. Diese beginnt erst mit dem Augenblicke, wo die Wortfolge als bewußte Maxime für die Volkswirthschaftspolitik eines Landes auftritt.

Mit ziemlicher Einstimmigkeit weisen die Geschichtswerke der Nationalökonomie unserer Tage, und im Anschlusse daran, auch die übrigen Fachschriften, auf den unter die Mitstifter des physiokratischen Systems gerechneten, ehemaligen Kaufmann und späteren Pariser Handels=Intendanten J. Vincent de Gournay (1712—1759) als Urheber hin. Er, obgleich nicht selbst theoretischer Schriftsteller, wenigstens nicht der bis= herigen Ueberlieferung nach), soll die Maxime zuerst ausge= sprochen und sie zum Centralpunkte seines in den Schülern fortlebenden Systemes gemacht haben. Allerdings ist dies nur eine Tradition, Sicheres wird nicht gemeldet. Nun ist aber merkwürdig, daß, je weiter wir die Ueberlieferung zurück= verfolgen, noch ein anderer Name daneben auftaucht, der eines gewissen Legendre zur Zeit Colbert's. Das Untersuchungs= feld wird dadurch weiter ausgedehnt und die Begründung der jetzt üblichen Annahme geräth in's Schwanken.

Beginnen wir unsere Untersuchung mit dem neuesten Bericht, den uns die historische Einleitung des Handbuches der politischen Oekonomie von G. Schönberg, verfaßt von H. v. Scheel, darüber darbietet. Da heißt es Band I, p. 66 folgendermaßen:

„Zunächst handelte es sich dabei (Agrikultursystem) um die thunlichste Befreiung der Wirthschaftenden von herge= brachten Schranken, eine Forderung, die Vincenz Gournay (Kaufmann, dann Finanzbeamter), der, ohne selbst Schriften hinterlassen zu haben, als Mitbegründer des physiokratischen Systems angesehen wird, dem Könige gegenüber in dem be= rühmt gewordenen Ausspruche zusammenfaßte: Laissez faire et laissez passer (Arbeits= und Handelsfreiheit)."

Lassen wir die Genauigkeit oder Ungenauigkeit der hier gegebenen begleitenden Thatsachen vorläufig dahingestellt und verfolgen wir die Tradition an der Hand derjenigen Hauptwerke in die Vergangenheit zurück, in denen etwas über den Ur= sprung der Maxime ausgesagt wird.

Da spricht u. A. Wilhelm Roscher in seiner, auch die übrigen Länder streifenden „Geschichte der Nationalökonomik in Deutschland"[1]) von dem „zunächst von Gournay formulirten laissez faire, laissez passer." Die gleiche Nachricht bringt auch J. Kautz, wenn er von Gournay sagt,[2]) dieser habe „den bekannten und von ihm herrührenden Grundsatz: laissez faire, laissez passer als den vernünftigsten Grundsatz zur Annahme empfohlen." Dagegen tritt uns in dem bereits 1847 erschienenen Spezialwerke über die Physiokraten von G. Kellner[3]) daneben schon ein zweiter Hinweis entgegen. In einer Note zur Darlegung des Systems Gournay's wird von der Formel gesagt: „Diese sprüchwörtlich gewordene Redensart stammt von Legendre her, welcher mit diesen Worten Colbert's Regierungseifer zurückwies." Hier haben wir also formell eine davon verschiedene Nachricht. Kellner fügt dazu noch die Mittheilung über den Ursprung eines verwandten Schlagwortes, indem er fortfährt: „Eine andere, ebenso bekannte ähnliche Phrase ist d'Argenson's Ausruf: pas trop gouverner." In den deutschen Handbüchern vor Kellner herrscht dann wieder einstimmig die an Gournay anknüpfende Annahme, so z. B. bei F. List,[4]) der von dem „Wort des alten Gournay laissez faire, laissez passer" spricht, u. s. w.

Gehen wir zu den übrigen Völkern über und nehmen als Repräsentanten, zunächst der Italiener, den historischen Abriß von L. Bianchini zur Hand,[5]) so sehen wir dort den Ursprung des Wahlspruches lasciate fare, e lasciate passare zwar nicht ausdrücklich auf Gournay, wohl aber auf die von ihm mit Quesnay gemeinsam begründete physiokratische Schule zurückgeführt, also jedenfalls nicht in frühere Zeit verlegt.

---

[1]) München 1874, p. 480.
[2]) Die geschichtliche Entwicklung der Nationalökonomik und ihrer Literatur 1860, p. 351.
[3]) Zur Geschichte des Physiokratismus, Göttingen, p. 91.
[4]) Nationales System 1841, p. 253.
[5]) Della scienza del ben vivere sociale et della economia degli stati, parte storica, 1845, p. 205 f.

Der nationalökonomische Historiker der Engländer, Travers Twiß, meldet beide Ueberlieferungen neben einander. In seinem die Geschichte der Nationalökonomie in sich schließenden Course of lectures delivered before the university of Oxford (1847) heißt es: « With him, (Gournay) according to many writers, originated the saying «*laissez faire, laissez aller,*» leave labour to itself, leave produce to itself; though its origin is by others attributed to a merchant of the name of Legendre, on occasion of his being consulted by others as to his proposed tariff.» Auf weitere Belege darüber, wie sich die Tradition bei den Engländern bewegte, haben wir noch nachher zu kommen.

Beim Uebergang zu den Franzosen sei zunächst der Genfer Simonde de Sismondi berührt. In dessen bekanntem Werke Nouveaux Principes d'Economie Politique[1]) heißt es nur allgemein: « Les Economistes répétaient sans cesse: Laissez faire et laissez passer.» Doch wird diese Angabe in seinem großen Geschichtswerke Histoire des Français[2]) dahin vervollständigt, daß von Turgot gesagt wird: « Il disait comme d'Argenson: *Pas trop gouverner*, et il répétait, après Gournay, le mot célèbre: *Laissez faire, laissez passer.*»

Doch wie steht es nun bei den Franzosen selbst? Um auch hier bei der Gegenwart anzufangen, so bemerken wir in der neuesten (achten) Auflage des sich durch eine Menge historischer Notizen auszeichnenden Traité d'Economie Politique von Joseph Garnier (1880) allerdings beide Angaben nebeneinander. Während im Context[3]) die Aufstellung des Sinnspruches Gournay zwar zugeschrieben wird, heißt es doch in einer Anmerkung[4]): « Cet axiome semble avoir été inspiré par une réponse faite longtemps auparavant à Colbert, s'enquérant des mesures favorables à prendre dans l'intérêt

---

[1]) Paris, sec. éd. 1827, p. 43.
[2]) Paris, 1844, T. XXX, p. 33.
[3]) p. 120 und p. 649.
[4]) p. 120.

du commerce, et dont la justesse avait frappé ses amis et les disciples de Quesnay.» Es folgt darauf eine Quellenangabe für diese Mittheilung in den Worten: «On sait, dit Turgot dans l'éloge de Gournay, le mot de M. Legendre à M. Colbert: Laissez-nous faire,» und die weitere Anfügung: «A quoi plus tard (?) le marquis d'Argenson ajouta la maxime: ne pas trop gouverner.» Allein in dem 1873 erschienenen Dictionnaire de l'Economie Politique von Coquelin und Guillaumin, wo die historischen Artikel meistens von Jos. Garnier ebenfalls herrühren, wird wieder Gournay als erster Formgeber vorausgesetzt.[1]) Und wenn wir die Geschichtsdarstellungen der Nationalökonomie in Frankreich durchsehen, so finden wir diese Annahme überall als die herrschende.

In der bekannten Histoire de l'Economie Politique en Europe von Blanqui[2]) wird erzählt: «M. de Gournay, fils de négociant et négociant lui-même, fut le véritable auteur du fameux adage: Laissez faire et laissez passer.» Und im gleichen Sinne läßt sich die Histoire de l'Economie Politique von Alban de Villeneuve[3]) vernehmen: «Il (Gournay) posa cet axiome fondamental: laissez faire, laissez passer.» Ja sogar das Specialwerk über die Physiokratie Les Economistes Français du dix-huitième Siècle von Léonce de Lavergne (1870) kennt keine andere Nachricht, es sagt von Gournay: «C'est de lui qu'est, dit-on, la fameuse formule: laissez faire, laissez passer.»

In Frankreich ist also der Hinweis auf den älteren Ursprung der Maxime der jüngere, die Verbindung mit dem Namen Gournay, wenigstens im neunzehnten Jahrhundert die fast ausschließlich herrschende. Wie hat sich das so gemacht?

---

[1]) Art. Physiocratie, Gournay.
[2]) 2. Aufl. 1842, vol. II., p. 110.
[3]) 1839, p. 388.

Man wird selten irre gehen, wenn man annimmt, daß die Quelle für alle traditionellen Annahmen auf dem Gebiete der Nationalökonomie unseres Jahrhunderts, seien sie richtig seien sie unrichtig, die Schriften J. B. Say's sind. Das beispiellose Ansehen, welches dieser Mann in der ersten Hälfte unseres Jahrhunderts nicht bloß in seinem Vaterlande, sondern bei sämmtlichen Nationen genoß, ließ jedwede seiner Behauptungen, von vorneherein als einen Orakelspruch erscheinen. In dem kurzen historischen Abriß, den er, eigentlich im Widerspruche zu seiner jede geschichtliche Auffassung verurtheilenden Theorie, dem Cours complet d'Economie politique pratique (1828—1829) als Anhang beifügt, sagt er von Gournay: "Er bewies sehr gut die traurigen Wirkungen der Verordnungen, der Zollschranken, der Hindernisse jeder Art, die man der Produktion in den Weg legte; von ihm rührt die berühmte Aphorisme her: laissez faire et laissez passer." [1]

Es ist kein Zweifel, daß diese Stelle überall da zu Grunde gelegt ist, wo die Mittheilung ohne nähere Quellenangabe weiterberichtet wird, was die Regel ist. Woraus hat nun J. B. Say seine Angaben geschöpft? Wir finden bei ihm die Quelle angezeigt, es ist Turgot's Eloge de Gournay. Nun haben wir oben gesehen, daß sich auch Garnier in seiner neuesten Mittheilung auf dieses Eloge für die Angabe beruft, daß der Sinnspruch vielmehr auf Legendre zurückzuführen sei. Wie löst sich dieser Gegensatz?

Greifen wir zu dem Eloge!

Hier finden wir in der Ausgabe von Turgot's Werken, wie sie in den Jahren 1808—1811 von Dupont de Nemours veranstaltet und nachher dem Wiederabdruck von Eugène Daire (1844) zu Grunde gelegt wurde, nur eine beiläufige Notiz, welche aber hinreicht, zu zeigen, daß Garnier und nicht J. B. Say richtig citirt hat.

---

[1] p. 214 der Stirner'schen Uebersetzung.

Es heißt dort nämlich: «On sait le mot de M. Legendre à M. Colbert: laissez-nous faire.» Allerdings ist es die Meinung Turgot's, daß der ökonomische Standpunkt seines Helden mit dieser Maxime übereingestimmt habe. Allein von einer seinem Lehrer und Freunde zukommenden Urheberschaft dieser Spruchformel weiß der Schüler nichts.

Wenn wir nun fragen, wie kam J. B. Say zu seiner Berufung auf Gournay, so klärt sich das folgendermaßen auf.

Der erste Herausgeber der Werke Turgot's (Dupont de Nemours) hat dem Eloge eine Notice vorausgeschickt, worin er einige historische Mittheilungen über die Sekte der Physiokraten macht. In diesem Vorbericht wird nun, unbekümmert um die Angabe im Eloge selbst, die Urheberschaft der Maxime auf Gournay zurückgeführt mit den Worten: «Il (Gournay) en tira cet axiome: laissez faire et laissez passer.» J. B. Say, obgleich er sich auf das Eloge bezieht, ist doch nach der Notice Dupont's und nicht nach Turgot's Lobrede selbst gegangen. Welche Nachricht ist nun aber die richtige? Sagen wir es gleich von vorneherein, daß sich beide scheinbar entgegenstehenden Meldungen von einem gewissen Standpunkte aus vereinigen lassen.

Fassen wir nämlich unsere Formel näher in's Auge, so bemerken wir, daß sie aus zwei Theilen besteht, von denen jeder eine besondere Maxime in sich schließt, welche beide zwar mit einander verwandt sind, aber keineswegs ein und dasselbe bedeuten. Laissez faire heißt Freiheit der Produktion (Gewerbefreiheit); laissez passer dagegen Freiheit des Verkehrs (Handelsfreiheit), wie ja auch heutzutage der von den französischen Grenzzollämtern ausgestellte Abfertigungsschein den Namen laissez passer trägt.

Turgot spricht in dem Eloge nur vom laissez faire. Dieser Theil ist entschieden älter als Gournay. Etwas anderes ist es mit der Maxime laissez passer. Dieser zweite Theil, durch welchen die Maxime erst vollständig wird, findet sich nicht vor den Physiokraten beziehungsweise Oekonomisten, wie sie sich ursprünglich nannten und genannt wurden.¹)

Wenn daher Dupont und seine Nachtreter, die jetzt übliche Formel dem Pariser Handelsintendanten zuschreiben, Turgot dieselbe aber, wenigstens was die erste Formulirung betrifft, auf Legendre bezieht, so kann beides wohl mit einander bestehen, wenn man nämlich die Einschränkung macht, daß es sich bei Gournay nur um die Ergänzung, nicht aber um die erste Aufstellung des Sinnspruches gehandelt habe.

Da nun thatsächlich, wie sich noch näher zeigen wird, die Maxime in ihrer kürzeren Form schon lange vor den Physiokraten und auch vor Gournay in der Literatur auftritt, so wird sich unsere Untersuchung zu scheiden haben in die Ursprungsgeschichte zunächst der Stammform und sodann diejenige ihrer Ergänzung.

Desgleichen wird ein Unterschied zu machen sein zwischen dem Vorfalle, der dem Schlagworte als solchem das Leben gab und dem Auftreten der Maxime als theoretisches Prinzip.

Was melden uns nun diejenigen Berichte, welche die Devise auf Legendre zurückführen über die nähern Umstände, aus welchen die erste Formulirung hervorgegangen?

---

¹) Der Titel „Physiokraten" kam erst seit dem Erscheinen des von Dupont de Nemours besorgten Sammelwerkes « Physiocratie ou constitution naturelle du gouvernement le plus avantageux au genre humain, Yverdon, 1768 » auf. Dasselbe enthält im 1. und 2. Band die ökonomischen Hauptschriften François Quesnay's.

Laissez-nous faire!

Am häufigsten begegnet man der Rückbeziehung auf Legendre in nationalökonomischen Werken englischer Sprache. Schon bei Travers Twiß war sie uns andeutungsweise vor Augen getreten. Sie findet sich ferner in den Lectures on Political Economy des schottischen Moralphilosophen Dugald Stewart, welche als dritter Theil von dessen moralphilosophischem Systeme im Jahr 1856 durch W. Hamilton herausgegeben wurden. Der Bericht, den wir dort[1]) finden, lehnt sich an einen von Benj. Franklin gegebenen an, in dessen 1774 erschienen Principles of Trade[2]) es folgendermaßen heißt: «When Colbert assembled some wise old merchants of France and desired their advice and opinion how he could best serve, and promote commerce, their answer after consultation was, in three words only: *Laissez-nous faire*, Let us alone.» Auch hier finden wir in unmittelbarem Anschlusse die verwandte Notiz: «It is said by a very solid writer of the same nation, that is well advanced in the science of politics, who knows the full force of that maxim, *Pas trop gouverner* not to govern to much.»

Diese Erzählung war im achtzehnten Jahrhundert ziemlich verbreitet und wird z. B. um beiläufig dieselbe Zeit auch von dem berühmten Naturforscher und Moralphilosophen Joseph Priestley angeführt in seinen 1788 veröffentlichten

---

[1]) vol. II, p. 33.
[2]) Works by Sparks vol. II, p. 383. Die Abhandlung kann bekanntlich nicht als B. Franklin's eigenstes Werk angesehen werden. Nach einer in der Gesammtausgabe seiner Schriften angefügten Note wurde sie zuerst von einem gewissen George Whately verfaßt und dann von Franklin korrigirt und mit Zusätzen versehen.

Lectures on History and General Policy, wo über Colbert gesagt ist: « He would have done better, had he listened to the advice of an old merchant, who, being consulted by him about what he should do in favour of trade, said: *laissez-nous faire*, leave us to ourselves.»

Am frühesten ist mir die Anekdote, abgesehen von dem schon früher vorkommenden Schlagworte selbst, in einer anonymen Abhandlung des Pariser Journal Œconomique vom Jahre 1751, also bereits vor den Physiokraten, aufgestoßen, die uns später noch ausführlich beschäftigen wird. Allem Anscheine nach ist dieser letztgenannte Aufsatz die Quelle für die meisten späteren Beziehungen auf Colbert's Zeit außerhalb Frankreichs gewesen. Als Aufsehen erregend wurde derselbe nicht nur mit den sich daran knüpfenden Entgegnungen in's Deutsche [1]) übersetzt, sondern auch in eine englische Ausgabe der vornehmsten Abhandlungen [2]) dieses Journals aufgenommen. Da der Aufsatz die wahrscheinliche Urquelle der englischen Berichte ist, so sei die Stelle zunächst in dieser Sprache vorgeführt, sie lautet: « It is reported of M. Colbert, that when he convened several deputies of commerce at his house, and asked what he could do for the benefit of trade, the most sensible and plainest spoken man among them replied in these three words: Let us alone.»

Meine Vermuthung, daß diese Darstellung den Ursprung für die übrigen englischen Berichte bilde, stützt sich darauf, daß in ihnen sämmtlich der Name Legendre fehlt, auch insbesondere bei Franklin der Ausdruck « three words » jener Uebersetzung sich wiederfindet, statt wie im französischen Original «le seul mot». Es muß sonach noch eine anderweitige

---

[1]) Unter dem Titel: Zweckmäßige Schriften von der Freiheit des Handels. A. d. Franz. Herausgegeben von J. M. D. Faumont, Prag und Wien 1782.

[2]) Ideas, Essays on Commerce, Agriculture, Mines, Factories, and other useful Subjects (translated from the Journal Œconomique). London 1754. Enthält gegen vierzig Artikel dieser Zeitschrift.

Tradition und zwar in Frankreich selbst bestanden haben, welcher Turgot folgt, dessen Hinweis auf eine Persönlichkeit speziell des Namens Legendre die älteste mir bekannte Verbindung des Wahrspruches mit diesem Namen ist.

Wie, wo und wann hat nun jener Vorfall im besondern stattgefunden, und wer war jener Legendre, der den Muth hatte, dem mächtigen Minister mit solcher Selbständigkeit entgegenzutreten, in einem Zeitalter, das doch durch seine schmeichlerische Unterwürfigkeit gegen die Machthaber sprichwörtlich ist?

Unmittelbar enthalten die vorhandenen Berichte nicht viel. Sie geben nur die Tradition wieder, die überall nahezu den gleichen Inhalt oder besser die gleiche Inhaltslosigkeit aufweist. Wir müssen der Sache also durch Anziehung indirekter Quellen näher zu treten suchen.

Fassen wir zunächst zusammen, was die Ueberlieferung sachlich zur Verfügung stellt. Kein Widerspruch besteht darüber, daß die Antwort in einer Versammlung von Groß-Kaufleuten (négociants) gefallen sei, welche Colbert zu dem Zwecke zusammengerufen habe, gemeinsam über die Mittel und Wege zur Hebung des Gewerbewesens zu berathen. Auf die Einladung des großen Ministers, sich zu äußern, habe dann einer der Anwesenden das Herz gehabt zu der das Protektionswesen Colbert's verurtheilenden Antwort: Laissez-nous faire! Nach Turgot war der Name dieses Geschäftsmannes Legendre.

Fragen wir nunmehr: was melden uns die eigentlichen Geschichtsquellen Näheres über den Vorfall zwischen Legendre und Colbert?

Nehmen wir auch hier die Gegenwart zum Ausgangspunkt, um von hier der Vergangenheit zuzuschreiten, so finde ich in den bekannteren Werken über Allgemeine Geschichte einzig bei Henri Martin eine diesfällige Notiz. Im 16. Bande seiner großen Histoire de France, wo er darauf aufmerksam macht, daß die Freiheit des Wirthschaftslebens schon ziemlich früh Seitens der Vertreter des dritten Standes gefordert worden sei, fährt er fort: « La tradition a conservé la réponse du négociant Legendre au grand ministre (Colbert): Que faut-il faire pour vous aider? — Nous laisser faire.»¹) Mehr erfahren wir hier nicht, und auch die andern Geschichtswerke wissen entweder gar nichts darüber zu berichten oder sie sprechen die an Gournay anknüpfende Tradition nach.²)

Auffallen muß es immerhin, daß keine der zeitgenössischen literarischen Erscheinungen von diesem Vorfalle Kunde bringt. Ich habe mit großer Mühe alle mir nur irgend zugänglichen Memoirenwerke und sonstigen Veröffentlichungen aus der Zeit Ludwigs XIV. durchstöbert, ohne etwas zu finden. Auch die in unserem Jahrhundert erschienenen Spezialwerke über die Verwaltung Colbert's enthalten darüber nichts. So z. B. nicht Alfred Neymarck, Colbert et son temps;³) ebenso wenig Michel Chevalier, Examen du Système Commercial, connu sous le nom de Système Protecteur;⁴) deßgleichen nicht Félix Joubleau, Etudes sur Colbert, ou exposition du système d'économie politique suivi en France de 1661 à 1683. Am ehesten hätte man noch etwas bei dem weitaus gelehrtesten Colbertforscher, P. Clément, erwarten sollen. Allein weder in seiner 1846 von der französischen Akademie preisgekrönten Histoire de la vie et de l'administration de Colbert, noch in der erweiterten zweiten Ausgabe dieses Werkes vom Jahre 1874 ist etwas darüber zu finden. Ja, Clément

---

¹) p. 163.
²) Der aus national=ökonomischer Feder stammende Bericht über die „Bewegungen auf dem Gebiete der praktischen Oekonomie" in der Allgemeinen Weltgeschichte von Georg Weber, (Leipzig, W. Engelmann), Bd. 13, folgt der Tradition Gournay, indem es dort heißt: „Aus Gournay's Munde stammt jene weltberühmt gewordene Mahnung an die Staatsgewalt: Laissez faire, laissez passer! womit die allein korrekte und heilbringende Maxime für die gesammte Wirthschaftspolitik einer Landesregierung ausgesprochen sein sollte." In gleicher Weise verhält sich Louis Blanc, Histoire de la Révolution française (1847), wenn er p. 524 sagt: « Il fallait une formule à cet empire de l'individualisme qui allait être inauguré, Gournay la trouva: Laissez faire, laissez passer » u. A.
³) 2 vols. Paris 1877.
⁴) Paris 1851.

schreibt sogar in seinem 1854 erschienenen Buche Histoire du Système Protecteur en France (depuis le ministère de Colbert jusqu'à la Révolution de 1848) die Urheberschaft der Formel Gournay zu, und, indem er in einer Note der von Einigen behaupteten ersten Fassung durch Legendre gedenkt, meint er doch, dieselbe dürfe auf einen spätern Zeitpunkt zu verlegen sein.[1])

So sehr dies Alles überraschen muß, so ist damit doch noch keineswegs bewiesen, jenes Zusammentreffen sei in das Reich der Mythe zu verweisen. Die unter Ludwig XIV. gepflegte Literatur hatte einen durchaus höfischen Charakter und gerade Colbert war es ja, der ihr mit seinen allzeit bereiten Geldmitteln unter die Arme griff. Ziel und Inhalt entnahm sie aus dem Strahlenkranze des roi soleil, und was außerhalb des Bannkreises des Hofes geschah, hatte keinen Werth für sie. Hatte jene Begegnung nun etwa außerhalb Paris' stattgefunden, so war es ganz natürlich, daß sie erst später sich dahin überlieferte, als auch dort ein Umschlag erfolgt war. Daß aber die Anhänger Colbert's sich nicht zu Verbreitern einer derartigen Erzählung gemacht haben werden, bedarf keiner Begründung. Es wäre auch Gegnern des damaligen Systems schwerlich zu rathen gewesen, ihren Standpunkt literarisch zu verfechten. Je mehr nun eine derartige öffentliche Meinungsäußerung unterdrückt war, desto empfänglicher mußte der Boden für eine gesprächsweise fortzupflanzende Formel sein, die gleichsam mit Einem Worte das ausdrückte, was die Geschäftswelt zumal in der spätern Amtsperiode Colbert's auf dem Herzen hatte.

Auf den ersten Blick scheint nun zwar, psychologisch betrachtet, die Zusammenberufung einer Enquête Seitens der Regierung, um gemeinsam mit den Geschäftsleuten über Hebung von Handel und Verkehr zu berathschlagen, keineswegs mit dem Systeme des Absolutismus und Protektionismus über-

---

[1]) p. 65.

einzustimmen. Dem steht nun aber die wirkliche Thatsache
gegenüber, daß derartige Versammlungen nicht nur zu jener
Zeit häufig vorkamen, daß sogar eine Organisation dafür
bestand. Im Jahre 1664 gründete Colbert nach dem Vor=
bilde einer schon von Sully geschaffenen, nachher aber wieder
eingegangenen Einrichtung, den Conseil de Commerce, dessen
engerer Abtheilung der König Anfangs alle vierzehn Tage
persönlich vorsaß, und der den Zweck hatte, die Wünsche
des Handels= und Fabrikantenstandes unmittelbar zu den Ohren
des Staatsoberhauptes zu bringen.¹) Die erste Sitzung des

---

¹) Dieser Conseil de Commerce hatte eine das ganze Land über=
deckende Einzelorganisation hinter sich, aus der sich später (um 1700) das
moderne französische Handelskammersystem entwickelte. Frankreich war in drei
Wirthschaftszonen (zones commerciales) eingetheilt. Die erste faßte die
Provinzen Picardie, Normandie, Bretagne und Tours in sich; die zweite
Poitou, Saintonge, Guyenne; die dritte Languedoc, Provence und Lyon.
Dazu stellten noch einzelne wichtigere Städte besondere Vertreter. Aus der
Zahl der durch die Geschäftsleute erwählten Abgeordneten berief Colbert drei
Mitglieder auf ein Jahr an den Hof, damit sie als ständige e: . Behörde
den König über die laufenden Interessen des Handels unterrichteten und die
Correspondenz mit den übrigen Abgeordneten ihrer Zone besorgten. Jähr=
lich einmal fand dann eine Gesammtversammlung aller Nominirten statt,
gleichsam eine Art von Wirthschaftsparlament (Vgl. Neymarck, I. p. 252,
sodann Joubleau I. 264). Schon vorher, gleich bei Antritt der Selbstregie=
rung Ludwigs XIV., hatte Colbert einen, wiewohl nicht so ausgedehnten Conseil des finances (lt. Reglement vom 15. September 1661) gegründet, dem
der König anfangs dreimal, nachher einmal die Woche persönlich vorsaß und
der zusammengesetzt war «de personnes de capacité et probité connues»,
um die dem Intendanten der Finanzen aufzutragenden Geschäfte kollegialisch
zu berathen. (Vgl. Recueil des anciennes lois françaises d'Isambert, Vol.
XVIII. p. 9). Im Jahre 1664 lesen wir von zwei großen Enquêten, welche
veranstaltet wurden, einmal zur Ablösung der internen Flußzölle, und sodann
zur Befreiung der Gemeinden von ihren Schulden. (Collection des Docu-
ments inédits sur l'Histoire de France, publiés par les soins du ministère de l'instruction publique, recueillis et mis en ordre par G.-B.
Depping. Paris 1852. Vol. III. p. XXVI.) Daran schließt sich die Errichtung
des Conseil de Commerce, der vornehmlich für die Interessen des Außen=
handels bestimmt war. In der préambule des Edittes (Sept. 1666) heißt
es: «Nous avons résolu d'établir un conseil de commerce en notre
présence tous les quinze jours... Nous avons convié tous les marchands, par des lettres circulaires, de s'adresser directement à nous

durch Abgeordnete aus der ganzen Monarchie offiziell beschickten Kollegiums fand am 3. August 1664 statt, und wir besitzen noch den Eröffnungsvortrag Colbert's an den König, worin in kurzen Zügen das ganze Wirthschaftsprogramm des großen Ministers enthalten ist.[1])

Dieser Eifer des Königs für die volkswirthschaftliche Entwicklung des Volkes, der allerdings den politischen Nebenzweck hatte, die beiden ersten Stände, Klerus und Adel, durch die Hebung des dritten Standes an die Wand zu drücken, sowie das Ausland in wirthschaftliche und dadurch auch in politische Abhängigkeit zu Frankreich zu bringen, ließ später allerdings nach. Allein noch aus dem Jahre 1676 haben wir Kunde von einer zu Versailles am 14. August abgehaltenen Sitzung dieses Conseil Royal de Commerce, welcher der König persönlich anwohnte und wo es sich um die Hebung der Leinenindustrie in den Provinzen Bretagne und Normandie handelte.[2]) Auch bei der im Jahre 1664 durch Colbert gestifteten Compagnie des Indes Orientales sehen wir den König in der konstituirenden Versammlung der Aktionäre[3]) erscheinen und aus dem Munde seines Ministers den betreffenden Bericht entgegennehmen u. s. w.

Ueberhaupt macht man sich denn doch eine irrige Vorstellung von dem Systeme Colbert's, wenn man annimmt, derselbe habe grundsätzlich jedwede Betheiligung der Geschäftswelt an der volkswirthschaftlichen Gesetzgebung abgewiesen. Diese Meinung muß sofort schwinden, wenn man nachsieht,

---

pour nous porter toutes leurs plaintes et toutes leurs positions », etc. Fast die gleichen Worte finden sich in dem Briefe, in welchem Ludwig XIV. der Stadt Paris seinen Entschluß, einen Conseil de Commerce zu errichten, anzeigt (27. Aug. 1664). Ibid. p. XXVII.

[1]) Mitgetheilt bei Neymarck, Appendix des I. Bandes.

[2]) Das Protokoll dieser Sitzung ist im Auszuge mitgetheilt bei Jacques Savary, Le Parfait Négociant, 7. éd. 1713, p. 92.

[3]) Einen ziemlich ausführlichen Bericht über diese Sitzung enthält das Buch: Louis XIV. et la Compagnie des Indes orientales de 1664, par Louis Pauliat. Paris 1886.

wie jene Ordonnanzen und Reglemente über die technische Produktion, gegen welche sich in späterer Zeit eine so gewaltige Gegnerschaft erhob, zu Stande gekommen sind.

Die erste dieser Verordnungen, welche letzteren sich auf die Festsetzung der zu verwendenden Rohstoffe, die Länge und Breite der fertigen Fabrikate bezogen, betrifft die Knopfgarnfabrikation (Sayetterie) zu Amiens. Sie ist eine der ausführlichsten und enthält nicht weniger als 248 Artikel. Weit entfernt, daß diese Festsetzungen kurzerhand vorgeschrieben worden wären, berichtet uns das Savary'sche Dictionnaire[1]) vielmehr: «Ils furent projetés, dressés et arrêtés dans les assemblées qui se tinrent par l'ordre du Ministre dans l'Hôtel de cette ville pendant tout le mois d'Octobre 1665, et furent approuvés, confirmés et homologués par un Arrêt du Conseil et par des Lettres Patentes du mois d'Août de l'année suivante.»

Der gleiche Vorgang wiederholte sich bei dem zweiten Reglement, die Tuchfabrikation zu Sedan betreffend. Der König befiehlt, daß dasselbe festgestellt werde « dans une Assemblée générale des Magistrats, Echevins, autres Officiers de la Ville et des Particuliers qui travaillaient alors à cette Manufacture.» Am 24. August 1666 wurden diese « Statuts, dressés par les plus habiles Officiers et Fabricans au nombre de soixante et six » in Gegenwart eines Herrn de Justemberg als Vertreter des Königs von den Betheiligten zum Beschluß erhoben und am 16. September 1666 vom Könige genehmigt.[2]) Und so geht es überall. Die Regierung läßt die Fabrikanten ihre Ordnungen selber machen und genehmigt sie dann. Weit entfernt, als eine Belästigung empfunden zu werden, sehen wir diese Vorschriften anfangs von den Geschäftsleuten selbst begehrt. So wird z. B. die große

---

[1]) Dictionnaire universel de Commerce, par G. Savary-Desbrulons et Philémon-Louis Savary, éd. 1748. Art. Règlement.
[2]) Ibid.

Ordonnance vom Jahre 1669, die Tuchfabrikation betreffend, dem Könige von den Maîtres et Gardes des Marchands Drapiers de la Ville de Paris mit der Begründung zur Genehmigung überreicht, daß dieselbe das einzige Mittel sei, den Mißbräuchen zu begegnen, welche sich in die Fabrikation eingeschlichen hätten.[1])

Lästig wurden diese Vorschriften erst, als auf ihre Nichtbeachtung, gemäß Erlaß vom 24. Dezember 1670, Strafen gesetzt und besondere Inspektoren ernannt wurden, welche, mit polizeilichen Befugnissen ausgestattet, strenge über die Einhaltung der Bestimmungen wachten. Mehr gegen die Inspektoren als gegen die Reglements selbst hat sich später und im Besondern unter der Regierung Ludwig's XV. der Unwille der Geschäftsleute gerichtet. Die Reglements wollte man auch zu Zeiten der schärfsten Gegnerschaft als unverbindliche Muster immerhin bestehen lassen.[2]) Um gerecht zu sein, darf man im Uebrigen auch nicht vergessen, daß die Einsetzung der Inspektoren zwar auf Colbert (das Gesetz ist vom 30. April 1670) sich zurückführt, daß aber nur einige wenige («quelques inspecteurs»), von ihm selbst, nach der Angabe des Savary'schen Dictionnaire[3]) eingesetzt wurden. Dieselbe Quelle berichtet weiter, daß «Monsieur de Louvois, qui lui (Colbert) succéda dans la Sur-Intendance des Arts et Manufactures, en augmenta de beaucoup le nombre.» Später, unter Ludwig XV., stieg ihre Zahl auf über vierzig.

Es ist ein eigenthümliches Verhängniß, welches über Colbert rücksichtlich Louvois' geschwebt hat. Nicht nur daß ihn dieser zu seinen Lebzeiten auf's bitterste befehdete, auch den Nachruhm hat er ihm verdorben. Man weiß, daß

---

[1]) Art. Inspecteur und Instruction.
[2]) So z. B. in der Hauptschrift des 18. Jahrhunderts gegen die Inspektoren: Considérations sur le commerce et en particulier sur les compagnies, sociétés et maîtrises. Amsterdam, 1758, eine von der Akademie zu Amiens preisgekrönte Abhandlung (von Clicquot de Blervâche).
[3]) Ibid.

Colbert durch den Leiter des Kriegsdepartements zu allerhand strengen fiskalischen Maßnahmen gedrängt worden war, die er selber nicht billigte. Indem nun Louvois, den das Schicksal in einer wunderjamen Laune auch noch zu seinem Nachfolger in der Würde eines Sur-Intendant et Ordonnateur Général des Bâtimens, Arts et Manufactures de France gemacht hatte, diese ungern aufgelegten Belästigungen auf die Spitze trieb, schob er dem Namen Colbert eine Verantwortung zu, die eigentlich ihm selbst gebührt hätte. Die unter seiner Verwaltung erlassenen Ordonnanzen enthalten wenig mehr als unerbittliche Einschärfungen der unter seinem Vorgänger aufgestellten Reglements, die mit neuen Strafen und verstärkter Controlle umgeben werden.[1]) Als nunmehr veraltet, wurden diese natürlich zur unerträglichen Zwangsjacke für die Produktion. Man darf aber einem Geiste wie Colbert soviel Vernunft zutrauen, er werde schon seiner Zeit dafür Sorge getragen haben, daß sich die Reglements den Veränderungen auf dem Gebiete des Weltmarktes angeschmiegt hätten. Jedenfalls ist ganz und gar kein Anlaß zu der Annahme vorhanden, er würde sich einer solchen Anschmiegung widersetzt haben,

---

[1]) Die Manufakturinspektoren scheinen unter Colbert blos die Aufgabe gehabt zu haben, die örtlichen Polizeibeamten und gewerblichen Corporationsvorstände, in deren Händen damals die Schau lag, zu ihrer Pflicht anzuhalten. Laut Arrêt vom 17. Juli 1684, also ein Jahr nach Colbert's Tode, wird ihnen dann aufgetragen, auf allen Märkten und Messen ihres Bezirkes, in Begleitung der örtlichen Schaubeamten die Untersuchung auf Qualität und Form der Fabrikate selber vorzunehmen und die diesfälligen Strafen zu verfügen. Ein weiterer Erlaß vom 23. Juni 1687 gestattet ihnen ferner den willkürlichen Eintritt in das Haus jedweden Geschäftsmannes, ohne Zuziehung oder Benachrichtigung der örtlichen Aufsichtspersonen, um daselbst die Prüfungen von sich aus vorzunehmen. Ihr Wirkungskreis wird also bedeutend erweitert und in Folge dessen ihre Zahl vermehrt. Alle sechs Monate haben sie an den Contrôleur général einen Bericht über den Stand der Manufakturen und die Ergebnisse ihrer Amtsthätigkeit einzusenden. Einer besonderen Pflege erfreuen sich die Manufakturinspektoren unter der Regierung Ludwig's XV., wo ihre materielle Stellung durch eine Menge Steuerbefreiungen verbessert wird. Ihre regelmäßige Besoldung war anfangs auf 2000 Livres festgesetzt. Savary, Dict. Art. Inspecteur, Instruction, Règlemens.

wie es unter seinem unbedeutenden Nachfolger womöglich unter Berufung auf ihn thatsächlich geschah. Man traut seinen Augen nicht, wenn man noch weit in das achtzehnte Jahrhundert herein die unter Colbert zu Stande gekommenen Vorschriften für die Produktion eingeschärft sieht. Kein Wunder, daß die Dinge nicht gut gingen. Die historische Gerechtigkeit erfordert aber, Colbert von einer Verantwortung zu entlasten, die nicht ihm, sondern seinen unfähigen Nachfolgern, und in erster Linie dem Manne zuzutheilen ist, den er als den ärgsten Feind seines volkswirthschaftlichen Systemes haßte, und an dessen schließlichem Triumphe bei dem Könige er zu Grunde ging. Was wir unter dem Zerrbilde des Colbertismus kennen, ist richtiger das System Louvois, welches darin gipfelte, die Uebungen der militärischen Verwaltung und Disciplin auf das Gebiet des Handels zu übertragen. Im Plane Colbert's lag dieses keineswegs. Leider hat in der Folge gerade die Ausartung Schule gemacht.[1])

Sei dem wie immer! So viel steht fest, der Bericht von einer Enquête von Kaufleuten, zusammenberufen, um gemeinsam über die Bedürfnisse des Handels und der Produktion zu berathen, hat für die Zeit Colbert's nichts Ungewöhnliches. Haben wir doch im Uebrigen verbürgte Nachricht über eine ähnliche Begegnung, wie diejenige ist, der wir nachspüren.

In den Mémoires historiques, politiques, critiques et littéraires par Amelot de la Houssaye[2]) stoßen wir nämlich auf folgende Erzählung:

---

[1]) Vergleiche in ähnlichem Sinne: H. W. Fernam, Die innere französische Gewerbepolitik von Colbert bis Turgot, Leipzig 1878; ferner: A. von Dumreicher, Ueber den französischen Nationalwohlstand als Werk der Erziehung, Wien 1879, und den Doppelaufsatz von Gust. Cohn in der Zeitschrift für die ges. Staatswissenschaft: Colbert, vornehmlich in staatswirthschaftlicher Hinsicht; Jahrgang 1869 und 1870.

[2]) Amsterdam. 1731, T. II, p. 101.

„Colbert hatte eines Tages die bedeutendsten Kaufleute von Paris und den benachbarten Städten zusammenberufen, um mit ihnen über die Mittel, dem Handel wieder aufzuhelfen, Rath zu halten. Als Niemand zu sprechen wagte, sagte der Minister: „Meine Herren, sind Sie stumm?" „Nein, Ew. Gnaden," erwiderte der Vertreter der Stadt Orleans, Namens Hazon, der viel Verstand besaß, „aber wir fürchten Ew. Gnaden zu beleidigen, wenn uns ein Wort entschlüpfte, das Ihnen mißfiele." „Reden Sie frei," entgegnete der Minister, „derjenige, welcher zu mir am offensten spricht, wird der beste Diener des Königs und mein bester Freund sein." Darauf ergriff Hazon das Wort und sprach: „Ew. Gnaden, da Sie uns dazu auffordern und uns versprechen, das nicht übel zu nehmen, was wir die Ehre haben, Ihnen vorzustellen, so werde ich offen sagen, daß Sie bei Ihrem Amtsantritt die Karre umgeworfen fanden, und daß Sie dieselbe aufhoben, um sie nach der andern Seite umzustürzen." Bei diesen Worten schoß Colbert das Blut zu Kopfe und er rief aus: „Was reden Sie, mein Freund?" „Ew. Gnaden," erwiderte Hazon, „ich bitte ganz ergebenst um Entschuldigung, daß ich so thöricht war, mich auf Ihr Versprechen zu verlassen, ich werde hinfort nichts mehr sagen." Darauf forderte der Minister die Andern auf, zu reden, aber Keiner wollte den Mund aufthun, und die Besprechung war damit zu Ende."

Hier haben wir es also mit einer ganz ähnlichen Versammlung zu thun, wie wir sie suchen. Man könnte fast auf die Vermuthung kommen, dieser Vorfall sei die eigentliche Quelle unserer Tradition, die sich später etwas umgeformt habe; dem widerspricht jedoch die positive Meldung, daß der Urheber der Formel Legendre geheißen, sowie daß das Schlagwort selbst in der Unterredung gefallen sei, was man schwerlich später hinzugedichtet haben würde. Noch ein anderes Beispiel von persönlichem Widerspruch gegen die Wirthschaftspolitik

Colbert's, und zwar den Colonialhandel betreffend, wird uns durch den Marquis d'Argenson ¹) überliefert.

Ein Bekannter des Abbé de Longuerue, von dem er die Mittheilung haben will, habe eines Tages Colbert vorgestellt, daß es doch eigentlich eine Thorheit für Frankreich sei, große Besitzungen in Amerika oder gar in Ost-Indien zu haben. Diesen Ehrgeiz solle man lieber den Engländern überlassen, die ohnedies sozusagen nur einen Fuß Erdboden in Europa besäßen, oder den Holländern. Wenn Frankreich auch Alles, was es aus jenen Gegenden bedarf, aus zweiter Hand bezöge, so würde es darum noch nicht verarmen, denn es besitze bei sich zu Hause nicht bloß alle nothwendigen Nahrungsmittel und Rohstoffe, sondern auch die hinreichenden Mittel, die Künste des Behagens und des Ueberflusses in's Werk zu setzen, welche schon dafür sorgen würden, daß Geld in's Land komme. „Colbert, — sagt der Bericht — gerieth in großen Zorn gegen den, der mit solcher Freiheit zu ihm sprach und wollte denselben nie wiedersehen. Aber sich erzürnen heißt nicht antworten!"

Ob diese Begegnung in einer Versammlung oder privatim stattgefunden habe, wird nicht angegeben. Aus der Schlußbemerkung d'Argenson's: „sich erzürnen heißt nicht antworten" ahnen wir bereits die Anschauungsweise des Urhebers der Parole pas trop gouverner.

Wir erkennen also aus dem Vorgeführten, daß weder die Thatsache einer solchen Versammlung, wie wir ihr nachforschen, noch das Auftreten eines Mitgliedes aus derselben gegenüber Colbert etwas Unwahrscheinliches für jene Zeit hat. Namentlich in der späteren Periode der 22jährigen Amtsdauer dieses Staatsmannes war die Unzufriedenheit gegen die Regierung aus Anlaß der Lasten, welche die unaufhörlichen

---

¹) Loisirs d'un Ministre d'Etat, composé en 1736, éd. 1737, vol. II. p. 172 et suiv.

Kriege Louis' XIV. mit sich brachten, zum Siedepunkt gestiegen.

Und dies führt uns auf die Frage, in welchen Zeitpunkt wir den Vorfall, der aus den vorhandenen Geschichtsquellen jener Zeit zwar nicht genau nachzuweisen ist, aber darum doch nicht wohl angezweifelt werden kann, zu setzen haben.

Mit Recht unterscheidet Neymarck[1]) zwei Perioden in der öffentlichen Laufbahn Colbert's, eine des jugendkräftigen Aufschwunges im ungestörten Einvernehmen mit seinem Könige bis zum Beginne des holländischen Krieges (1672), und dann eine der mühsamen Vertheidigung seines Werkes gegenüber der Kriegspolitik Ludwig's XIV. und Louvois'. Die letztere dauert bis zum Tode des Ministers 1683. Nur auf diese zweite Periode, die man wohl schon vom Jahre 1670 an datiren darf, haben wir unsere Aufmerksamkeit zu richten, in der erstern arbeitete Colbert durchaus im Bündnisse mit dem dritten Stand. Das Jahr 1670 brachte jedoch die Strafandrohungen für Abweichungen von den Reglements und damit den Keim zu den spätern Verstimmungen.

In eben jenes Jahr 1670 fällt auch eine höchst bemerkenswerthe Kundgebung gegen die Handelspolitik Colbert's, die zwar vom Auslande kam und für's Erste kaum im großen Publikum bekannt geworden sein dürfte, die aber ohne Zweifel bereits von gleichlaufenden Tendenzen im Inlande begleitet war.

An Stelle des ersten durch Colbert eingeführten französischen Grenzzolltarifes von 1664 mit freihändlerischem Charakter war drei Jahre darauf der berüchtigte protektionistische Tarif von 1667 getreten, der seine Spitze vornehmlich gegen Holland kehrte. Die schweren Beeinträchtigungen, welche der Handel dieses Landes dadurch erlitt, veranlaßte die Regierung der Generalstaaten (Joh. de Witt) zu einer Reklamation. Am 21. Oktober 1670 richtete der damalige holländische Gesandte Peter de Groot, Sohn des berühmten Hugo

---

[1]) Colbert et son temps, t. II p. 462.

Grotius, eine Vorstellung[1]) unmittelbar an den König, worin
zunächst dem Bedauern Ausdruck gegeben wird, daß „der
Handel, welcher die Seele der menschlichen Gesellschaft (l'âme
de la société humaine) ist", durch die schweren Auflagen, welche
die französische Regierung in der letzten Zeit auf die aus den
Generalstaaten eingeführten Lebensmittel und Waaren zu legen
für gut befunden, erstickt und in Folge dessen die wechselseitige
Eintracht und Zuneigung beider Völker gestört worden sei. Unter
Hindeutung, daß dies zur Ergreifung von Gegenmaßregeln führen
müsse, will man sich nun aber zuvor an Ihre Majestät
wenden, mit dem von aufrichtiger Freundschaft eingegebenen
Ersuchen, Hochdieselbe möge gemäß „Ihrer gewohnten Güte
und im Interesse der Bedürfnisse sowohl ihrer eigenen Unter=
thanen als auch der Bürger der Generalstaaten dem Handel
seine frühere Freiheit zurückgeben" und die Zölle wieder auf
den gleichen Fuß setzen, auf dem sie zur Zeit des letzten, im
Jahre 1662 geschlossenen Vertrages gestanden haben.

Was nun dieses Aktenstück so merkwürdig macht, das ist
nicht die Vorstellung als solche, sondern die förmlich theore=
tische Auseinandersetzung, durch welche das Gesuch begründet
wird und welche folgendermaßen lautet:

„Es ist gewiß, Sire, daß das Glück der Völker haupt=
sächlich in dem leichten Erwerb ihres Lebensunterhaltes
besteht, und es kann mit Recht gesagt werden, daß, wer be=
quem lebt, auch glücklich lebt (qui vit commodément vit
heureusement). Es ist ebenso gewiß, daß als erste Ursache
dieser Bequemlichkeit die menschliche Arbeit und Betriebsamkeit
(le travail et l'industrie de l'homme) erscheint, als zweite der
Absatz der Erzeugnisse dieser Arbeit und als dritte die An=
schaffung des Fehlenden im Austausche gegen Ueberflüssiges;
und es ist offenbar, daß die erste dieser drei Ursachen sehr

---

[1]) Ich verdanke die Kenntniß dieses m. W. noch ungedruckten Akten=
stückes der Güte des Historikers Herrn Dr. August von Gonzenbach
in Bern, dem ich durch Behändigung auch anderweitiger werthvollen Mit=
theilungen für diese Arbeit (s. S. 35) verbunden bin.

mangelhaft ist ohne die beiden andern und daß die beiden letzteren durchaus vom Handel abhängen, oder vielmehr, daß sie den Handel erst schaffen. Daraus folgt, daß es nichts Ersprießlicheres gibt, um dem Menschen das Leben angenehm und bequem zu machen, als ihm die Verkehrswege zu erleichtern."

„Wenn wir — so fährt das Schreiben fort — diesem beifügen, daß Gott in seiner allweisen Vorsehung nicht nur Alles spenden wollte, was zum Glücke seiner Kreatur dienen kann, sondern auch, daß er es auf einem Wege geben wollte, der über alle Theile der Welt Freundschaft und einen allgemeinen gesellschaftlichen Verband herzustellen geeignet ist, nämlich dadurch, daß er die Natur der Bodenarten und der Klimate so mannigfaltig gestaltete, daß jedes Land etwas Eigenartiges besitzt, was dem andern fehlt, was zum Austausche des Ueberflüssigen gegen das ihm Mangelnde Anlaß gibt, und wodurch das Bedürfniß zu jenem allgemeinen Verkehr und wechselseitigen Absatz, den wir Handel nennen, hervorgerufen wird, — so ist leicht zu begreifen, daß diejenigen, welche diesen Handel erleichtern, auch zugleich die Wege ebnen, durch welche die Völker glücklich und zufrieden gemacht werden. Im Gegensatze hiezu werden diejenigen, welche den Handel dadurch erschweren, daß sie ihm den Zutritt durch ausschreitend hohe Auflagen, die den Absatz unmöglich machen, verschließen, ihre Unterthanen nicht bloß daran verhindern, dasjenige, was anderwärts wächst, bequem zu genießen, sondern auch abhalten, dasjenige im Austausch zu verkaufen, was sie selber übrig haben. Auf solche Weise werden ihre Völker in die Zwangslage kommen, theils mit demjenigen angefüllt zu bleiben, was sie zu viel haben, theils dessen zu entbehren, wofür sie ein Bedürfniß hätten," u. s. w.

Wem kommt bei Lesung dieses Aktenstückes nicht das Lieblingswort Richard Cobden's in den Sinn: Free trade the international law of the Allmighty? Zugleich finden wir hier bereits den Grundsatz der internationalen Arbeitstheilung zu Gunsten der Zollherabsetzung angewendet. Die Argumente unserer modernen Freihändler sind eben schon alt. Sie stammen, wie man ja auch schon bei unserer Maxime sieht, aus der Zeit des ausgeprägtesten Protektionismus. Die vorstehend mitgetheilte Note hatte bekanntlich unmittelbar keinen Erfolg. Erst der Frieden von Nymwegen (1679), welcher den bald nach der Uebergabe des Dokumentes ausbrechenden Krieg wieder abschloß, kam auf die Forderung zurück und verpflichtete Frankreich, auf den Zolltarif von 1664 zurückzugehen.

Man darf sich wohl der Vermuthung hingeben, die Holländer, denen es gemäß der vorstehenden Auseinandersetzung nicht so sehr um das Wohl der Staaten als solcher, als um das der Unterthanen zu thun war, würden sich nicht auf solche offiziellen Vorstellungen beschränkt, sondern auch gesucht haben, in den französischen Handelskreisen selbst gegen die Volkswirthschaftspolitik Colbert's Meinung zu machen. Dennoch wird man kaum annehmen dürfen, der Haß gegen die Bevormundungssucht werde um's Jahr 1670 in Frankreich schon jene Höhe erreicht gehabt haben, der sich in der abweisenden Antwort Legendre's ausdrückt. Dagegen wird man immerhin in jene Zeit die Keime zu dem Ideengange verlegen müssen, aus welchem nachher das Schlagwort entstanden ist und seine sprichwortähnliche Verbreitung gefunden hat.

In der Periode des darauf ausbrechenden Krieges (1672 bis 1679) haben wir die Geburt der Devise aber wohl aus dem Grunde nicht zu suchen, weil es damals kaum zu derartigen Enquêten gekommen sein dürfte.

Anders bei wiederhergestelltem Frieden. Da war der der Boden gegeben, Berathungen behufs Wiederaufrichtung des Gewerbslebens zu veranstalten. Man weiß auch, daß sich Colbert um diese Zeit die allergrößte Mühe gab, sein durch den Krieg in Verwirrung gebrachtes System wieder einzurichten.[1]) Ebenso bekannt ist aber auch, daß das Volk un-

---

[1]) Vergleiche Colbert's Circulaire aux commissaires départis et intendants des généralités et pays d'élections vom 1. Juni 1680 (mit-

verdientermaßen gerade ihn für die neuen Auflagen verant=
wortlich¹) machte, gegen die er sich im Conseil des Königs
mit seiner ganzen Kraft, wiewohl vergeblich, gestemmt hatte.
Wenn wir also annäherungsweise das Jahr 1680 als Ge=
burtsjahr des laissez-nous faire annehmen, so dürften wir
von der Wahrheit nicht allzuweit entfernt sein.²) Nicht nur
hatte damals die Gereiztheit gegen den Minister ihren Gipfel
erreicht, man wußte auch, daß dessen Einfluß bei dem Könige
keineswegs mehr der alte war und daß man sich daher wohl
ein dreistes Wort gegen ihn gestatten durfte. Wenigstens hat
es Louvois³) an Hetzereien gegen seinen Rivalen niemals
fehlen lassen.

Eine weitere hier zu erörternde Frage ist: wer war
Legendre?

Ich habe schon gesagt, daß wir die Angabe dieses Namens
Turgot verdanken, mehr als den Namen erfahren wir von

---

getheilt bei P. Clément, Histoire du Système Protecteur im Anhang).
Darin werden die Beamten angewiesen, in jedem Verwaltungskreise persönlich
den Zustand der Volkswirthschaft zu erkunden und namentlich die Ungleich=
heit der Abgaben in's Auge zu fassen. « Ecoutez aussy toutes les plaintes
qui vous seront faites, à cause de l'inégalité des impositions dans les
roolles des tailles, et faites tout ce que vous estimerez à propos pour
retrancher ces abus et rendre l'imposition la plus égale qu'il sera
possible ». Alle drei Monate soll Bericht erstattet werden.

¹) « Le surintendant (Colbert) était devenu pour le peuple la
personnification de la maltôte. » Capefigue, Louis XIV, son gouvernement et ses relations diplomatiques avec l'Europe. 6 Vols. Paris 1837.
T. II., p. 5.

²) Wenn es oben S. 7 in dem Citat aus Travers Twiß (1847) heißt,
Legendre habe die Antwort nach den Berichten Einiger gegeben « being consulted by Colbert to his proposed tariff », was also auf den Tarif von
1667 hinweisen würde, so ist dies offenbar eine eigene Zuthat des Verfassers,
da eine derartige Angabe in keiner der Originalquellen, aus welchen Twiß
geschöpft hat, vorkommt.

³) Dieser Haß übertrug sich noch auf die Nachkommen Colbert's. Als
dessen Sohn, der Marquis de Seignelay, der schon zu Lebzeiten des Vaters
das Marinedepartement übertommen hatte, im Jahre 1690 eines plötzlichen
Todes verstarb, entstand das Gerücht, er sei von Louvois vergiftet worden.

ihm allerdings nicht. Aus der andern von uns verfolgten Tradition ergibt sich, daß es ein Großhändler (négociant) gewesen sei. Auf Grund dieser zwei Angaben haben wir unsere Nachforschungen anzustellen. Das ist kein kleines Werk, da der Name Legendre in Frankreich ziemlich häufig ist. Vermuthen dürfen wir immerhin, der Urheber jenes zum Sprichwort erhobenen Ausspruches werde keine ganz untergeordnete Persönlichkeit gewesen sein. Gewiß war er einer der Wortführer jener Versammlung, wie denn der Volksmund derartige Aussprüche am liebsten weiterpflanzt, wenn sie sich an Personen knüpfen, die über das Mittelmaß hinausragen. Es darf daher vorausgesetzt werden, jener Legendre habe auch sonst von sich reden machen.

Auch die Biographie Générale von Didot gewährt keine Ausbeute. Allerdings sind hier nicht weniger als sieben Vertreter des Namens Legendre besprochen. Aber keiner auf den unsere Merkmale passen. Wir müssen also in die zeitgenössische Literatur selbst niedersteigen und nachforschen, ob uns da Aufschluß wird.

In dem für das Colbert'sche Verwaltungssystem überaus wichtigen Dictionnaire Universel de Commerce der Gebrüder Jacques und Louis Savary[1]) finde ich in dem Artikel Règle folgenden, die Literatur der kaufmännischen Rechenkunst betreffenden Hinweis: „Diejenigen, welche sich eingehender über alle verschiedenen Rechenregeln zu unterrichten wünschen, mögen die Werke von J. Savary, Irson und Legendre zu Rathe ziehen, von denen zumal das letztere am klarsten und leichtesten von Solchen zu verstehen sein dürfte, welche noch wenig in der Arithmetik vorgeschritten sind." Eine nähere Titelanzeige ist hier nicht beigegeben. Die Notiz reizt jedoch zu weiterer Nachforschung.

Greifen wir zunächst nach dem bekannten Werke des in der gleichen Flucht genannten J. Savary, des Vaters jener

---

[1]) 2. Auflage 1747.

beiden Herausgeber des Dictionnaire und Verfassers des s. J.
hochberühmten Werkes Le Parfait Négociant[1]) in der An=
nahme, hier etwa das gesuchte Buch angeführt zu finden, so
täuscht uns diese Erwartung nicht.

Schon in der Vorrede sagt der Verfasser, er habe in
Betreff der Maße und Gewichte die vortrefflichen Werke der
Herren Boyen, Legendre und Barreme benutzt, und wenn wir
weiter blättern, so finden wir in einer, der üblichen Druck=
erlaubniß des Censors angehängten Buchhändleranzeige auch
den ausführlichen Titel des gesuchten Buches.

Im Ganzen sind es drei Werke, welche als von
François Legendre herrührend aufgeführt werden; obenan
steht:

L'Arithmétique en sa perfection, selon l'usage des
Financiers, Banquiers et Marchands, avec un Traité de
Géométrie pratique appliquée à l'Arpentage et au Toisé,
et un Abrégé d'Algèbre (Jahreszahl fehlt).

Sodann als, gleichfalls dem ökonomischen Gebiete an=
gehörig, das pseudonym erschienene Buch

Pratique générale des Changes Etrangers par Irson.

Endlich ein auf das Gebiet der schönen Literatur hinüber=
greifendes, ebenfalls pseudonym erschienenes Opus:

Œuvres de M. de Voiture, contenant ses Lettres et ses
Poésies avec l'Histoire d'Alcidalis et de Zélide, nouvelle et
dernière Edition augmentée de la conclusion de l'Histoire
d'Alcidalis et de Zélide.

Nachdem wir die Titel kennen, ist es nicht allzu schwer,
wenigstens der beiden ersten Bücher habhaft zu werden.

Wir entnehmen daraus, daß die erste Auflage des Buches
L'Arithmétique en sa perfection schon in das Jahr 1657
fällt, also noch in die letzten Jahre des Cardinals Mazarin.
Der Traité des Changes Etrangers war damals mit dem
Hauptwerke vereinigt und wurde erst später als selbständiges

---

[1]) 1. Auflage 1675.

Buch unter dem Namen Irson herausgegeben. Beides sind kaufmännische Lehrbücher, die sich ziemlichen Ansehens erfreut haben müssen, da das Jahr 1687 schon die neunte Auflage der Arithmétique aufweist. Auch eine aus dem Jahre 1727 datirte sogenannte dernière édition dieses Werkes liegt mir vor. Sowohl der Zeitpunkt ihrer ersten Abfassung wie auch der kaufmännisch-technische Inhalt der Schriften schließen die etwa vermuthete Erzählung jener Unterredung mit Colbert aus. Immerhin interessirt uns die Frage, ob wir unter dem Verfasser den Urheber unserer Formel voraussetzen dürfen. Das Meiste wird wohl davon abhängen, ob wir unter dem Verfasser einen aktiven Kaufmann zu verstehen haben oder nicht; denn gegen die Zeitgenossenschaft kann nichts einge= wendet werden.

In unseren Tagen würde die Vermuthung dagegen sein. Berufsausübung und Berufslehre sind bei uns nur ausnahms= weise mehr vereinigt. Die Vorbereitung zum Berufe geschieht jetzt in der Hauptsache auf besonderen Fachschulen durch einen besonders gebildeten Lehrerstand, aus dessen Kreise auch in der Regel die Lehr= und Handbücher der betreffenden Fächer hervorgehen. Zu damaliger Zeit lag die Sache jedoch an= ders. Wenn auch nicht mehr so streng wie im Mittelalter, so wurde doch noch immer die gewerbliche Berufsfertigkeit als eine den betreffenden Körperschaften und Innungen zukom= mende Geheimlehre behütet. Nicht umsonst sieht sich der Ver= fasser des schon genannten, um jene Zeit (1679) erschienenen und Colbert gewidmeten Buches Le Parfait Négociant, J. Savary [1]), in der Vorrede veranlaßt, sich gegen den Vor=

---

[1]) Der Italiener François Mengotti hat in seinem Buche Il Colber= tismo, welches er aus Anlaß eines von der ökonomischen Gesellschaft zu Flo= renz im Jahre 1791 erlassenen Preisausschreibens verfaßte, diesen J. Savary als den geistigen Begründer des Colbertismus hingestellt mit den Worten: «Savary dicta les articles du fameux édit de 1667, époque à laquelle on fixe communément la naissance du colbertisme. Ce célèbre sys= tème eut donc pour auteur un négociant». (Ich citire nach der fran= zösischen Uebersetzung des Hauptkapitels jener Abhandlung, welches P. Clément[t]

wurf des Berufsverrathes zu rechtfertigen. Seine eigene Befähigung, über Handelsgegenstände zu schreiben, belegt er damit, daß er, obwohl gegenwärtig Beamter des Herzogs von Mantua, doch die Kaufmannschaft regelrecht erlernt und lange Zeit selbstständig ausgeübt habe. Das Gleiche muß man bei unserem Legendre voraussetzen.

im Anhange seines Buches Histoire du Système protecteur en France gibt.) Ich glaube nicht, daß Mengotti den Parfait Négociant jemals in der Hand gehabt hat, sonst hätte er das nicht behaupten können. Nicht nur handelt es sich bei diesem Werke um ein rein kaufmännisches Lehrbuch, ausdrücklich für junge Leute (jeunes gens) bestimmt, welche sich der Handelslaufbahn erst zu widmen gedenken; aus der Vorrede ergibt sich auch, daß die Annahme, Savary sei bei Abfassung des Tarifes von 1667 betheiligt gewesen, der Begründung entbehrt. Erst durch ein königliches Rundschreiben, gerichtet an die gewerblichen Corporationsvorstände und ähnliche Behörden, um dieselben zur Abfassung von Vorschlägen gegen die Mißbräuche des Handels aufzufordern, will er im Jahre 1670 zur Abfassung zweier Denkschriften angeregt worden sein. Die eine, auf die Mißbräuche des Handels bezüglich, habe er im Monat August an Colbert eingeliefert, die andere, welche auf Grund jener Ausführungen das Projekt eines Reglements aufbaute, im Monat September, also drei Jahre nach Erlaß des Tarifgesetzes von 1667. Diese Abhandlungen scheinen sich auch nur um die Regelung des inneren Verkehrs gedreht zu haben, wenigstens gesteht der Verfasser in der gleichen Vorrede zu, daß diejenigen Kapitel des Parfait Négociant, welche sich auf den Handel im Auslande beziehen, auf Grund von Mittheilungen solcher Freunde bearbeitet worden seien, welche diesen Handel getrieben hätten. Ueber Tarifwesen und Handelspolitik finden wir überhaupt so gut wie nichts in dem Buche, das im Uebrigen keineswegs die Spuren eines großen Geistes an sich trägt. Wir glauben es dem Verfasser gerne, wenn er zur Entschuldigung etwaiger stilistischer Mängel sagt: « Je n'ai jamais apris la grammaire, ni les autres choses que sçavent ordinairement ceux qui ont apris la Langue Latine ». Eine wichtigere Fundgrube für die Einrichtungen des protektionistischen Wirthschaftssystems ist das von den Söhnen dieses Savary herausgegebene, schon mehrfach angeführte Dictionnaire universel de Commerce, aber auch bloß für die praktischen Einrichtungen. Prinzipien findet man darin ebenfalls nicht. Diesen Mangel sollte bekanntlich, wiewohl im gegnerischen Sinne, das von dem Abbé Morellet geplante Dictionnaire du Commerce ausfüllen. Es erschien hievon aber nur der s. Z. auch als theoretische Leistung anerkannte Prospectus d'un Nouveau Dictionnaire du Commerce, 1767.

Der Titel Arithméticien, den er sich auf der Ueberschrift seines Hauptwerkes beilegt, spricht für die damalige Zeit nicht dagegen. Man darf denselben wohl mehr als eine Charakterisirung seiner beanspruchten einschlägigen Sachverständigkeit ansehen. Jedenfalls gewährt der Einblick in das Buch selbst die Ueberzeugung, daß der Autor sowohl die Regeln der Arithmetik als ganz besonders auch die Praxis des Handelslebens versteht. Anders hätte das Werk nicht die große Anzahl von Auflagen bis weit in das achtzehnte Jahrhundert hinein erfahren können.

Zugleich dürfen wir uns in dem Verfasser der Arithmétique eine Persönlichkeit von mehr als gewöhnlicher allgemeiner Bildung vorstellen. Wenigstens ist dies aus dem Titel des dritten von ihm herausgegebenen Buches Œuvres de M. de Voiture contenant ses Lettres et ses Poésies ꝛc. zu schließen.

Nehmen wir an, die erste Ausgabe (1657) der Arithmétique sei im beiläufigen Lebensalter des Verfassers von vierzig Jahren erfolgt, so dürfen wir für das Jahr 1680, dem muthmaßlichen Geburtsjahre der Maxime, für den Urheber auf ein Alter von einigen sechzig Jahren schließen. Das würde zu der Autorität, die ihm gegenüber seinen Begleitern beiwohnte, wohl stimmen. Das Jahr 1687 traf ihn jedenfalls nicht mehr am Leben, da das Druckerlaubnißpatent, welches der damals erschienenen neunten Auflage beigegeben ist, von der Uebertragung des Privilegiums auf seine Wittwe spricht.

Noch eine vierte Frage gilt es zu beantworten: **wo hat das Begebniß stattgefunden?**

Man wird geneigt sein, auf Paris oder Versailles zu rathen. Haben wir doch aus diesem Bezirke den Bericht über ein ganz ähnliches Zusammentreffen. Allein gerade dieser Umstand dürfte auch wieder dagegen sprechen. Es ist kaum anzunehmen, die Feder, welche den Vorfall mit dem Kaufmanne Hazon der Aufzeichnung für werth hielt, werde über den noch bedeutungsvolleren Auftritt mit dem Kaufmanne

Legendre ruhig hinweggegangen sein, wenn derselbe in un=
mittelbarer Nähe des Hofes stattfand. Wohin aber in der
ganzen Monarchie haben wir den Vorgang zu verlegen?

Eine vielleicht nicht zutreffende, jedenfalls aber bemerkens=
werthe Antwort hierauf ertheilt uns die in der Schweiz über
jenes Vorkommniß bestehende Tradition. In einer im Jahre
1840 in Zürich erschienenen Broschüre: Einige Gedanken über
die Aufstellung eines schweizerischen Schutzzollsystemes von
Dr. A. v. Gonzenbach, eidgenössischem Staatsschreiber, stößt
man auf folgende Sätze:

„Das Festhalten an dem althergebrachten Grundsatz der
Handelsfreiheit beruht indessen vielleicht nicht sowohl auf reifer
Ueberlegung, als auf der Macht der Gewohnheit. So be=
weist z. B. das bekannte: «laisser faire, laisser aller»,
welches die Lyoner (sic) Kaufleute dem Minister Colbert s. Z.
zur Antwort gaben, als er sie anfrug, was er für den Handel
thun könne, für die Schweiz nichts, weil jene Antwort auf
andern Prämissen beruhte" u. s. w.

Einer Nachfrage bei dem Verfasser der Abhandlung über
den nähern Inhalt dieser Tradition verdanke ich nachstehende
Angabe:

„In der Schweiz wird angenommen, Colbert habe einer
Deputatschaft des Lyoner Handelsstandes an den König Lud=
wig XIV. bei dessen Anwesenheit in ihrer Stadt gesagt: Le
Roi aimerait faire quelque chose pour vous; que voulez-vous
qu'il fasse? Darauf habe der prévôt des marchands geant=
wortet: Rien! Laissez faire et laissez passer!»[1]

---

[1] Herr v. Gonzenbach will die Tradition am frühesten im Jahre 1834
gehört haben. Durch die Bildung des Zollvereins war in den industriellen
Kantonen der Schweiz große Besorgniß entstanden, von dem Handel mit den
deutschen Nachbarstaaten abgedrängt zu werden. Man sprach vom Anschluß an
den deutschen Zollverein, oder von Schutzzöllen gegen denselben. Der eidgenössische
Vorort Zürich berief eine Handels=Experten=Kommission zusammen, um die
volkswirthschaftliche Lage des Landes zu begutachten. Eines der hervorragendsten
Mitglieder dieser Commission war der eidgenössische Oberzollrevisor Joh. Casp.
Zellweger (auch als Verfasser einer Geschichte Appenzells und anderer Schriften

Auf Grund dieser Mittheilung habe ich in Lyon Nach=
forschungen anstellen lassen.¹) Leider waren die diesfälligen
Bemühungen nicht von Erfolg begleitet. Die im Stadt=
archive aufbewahrte Liste der prévôts des marchands enthält,
nach der Mittheilung des Archivdirektors, den Namen Legendre
nicht, und auf der Bibliothek der Akademie ist von einem her=
vorragenden Kaufmanne dieses Namens zu jener Zeit in Lyon
ebensowenig etwas bekannt als auf der Bibliothek der dortigen
Handelskammer. Dadurch werden natürlich auch die übrigen
von der französischen Tradition abweichenden Angaben des
schweizerischen Berichtes abgeschwächt. So die Thatsache, die
Antwort sei aus einer Deputation von Kaufleuten heraus bei
Anwesenheit des Königs in Lyon gefallen, worüber man dort
ebenfalls nichts weiß, ferner daß die Formel gleich in ihrer
vollen Ausdehnung gebraucht worden sei.

Immerhin hätte die Ortsbezeichnung mancherlei Wahr=
scheinliches für sich.

Die Kaufleute der Schweiz hatten zu jener Zeit einen
ausgedehnten Handel nach dem Lyoner Platze, für den sie
viele wichtige Begünstigungen genossen. Bei ihren Militär=
kapitulationen mit den französischen Königen hatten sich die
Kantone allerhand Verkehrsfreiheiten für ihre Kaufleute aus=
bedungen,²) so daß die Schweiz thatsächlich einer Art von

---

bekannt). Als ausgesprochener Anhänger des Freihandelssystems warnte er
vor hohen Zöllen sowie vor dem Anschluß an den Zollverein, wobei er an
jene angeführte Antwort des Lyoner Handelsstandes erinnerte. Mein oben=
genannter Gewährsmann weiß nicht, wo Zellweger die Erzählung her hatte, sie
wurde aber als etwas Bekanntes gegeben und in der Folge häufig wiederholt.

¹) Ich fühle mich verpflichtet, hier Herrn Bibliothekar Brassart in Lyon
für seine ebenso gütigen wie sorgfältigen Bemühungen meinen Dank abzu=
statten.

²) Siehe hierüber: Les Priviléges des Suisses (en France) par
M. Vogel, Grand Juge des Gardes Suisses, Yverdon 1733 (sec. éd. 1772).
Das älteste dieser Privilegien, wodurch den nach Frankreich verkehrenden Schwei=
zern Steuerfreiheit zugesichert wird, ist aus dem Jahre 1431 unter Ludwig XI.;
das früheste für den Lyoner Markt im besonderen vom 8. März 1551 unter
Heinrich II. Die Vorrechte scheinen nicht unangetastet geblieben zu sein. We=

Freihandel nach und von dem Lyoner Markt sich erfreute. Ja, ihre Kaufleute waren sogar auf dem Wege dorthin von vielen Fluß- und Wegegebühren befreit, also vor den eigenen Landes= kindern bevorzugt. Man könnte daher schon annehmen, die Erinnerung an jene vom Freihandelsgeiste durchdrungene Ant= wort zu Lyon werde in der Schweiz eher noch fester haften geblieben sein, als selbst in jenem Lande, wo sie stattgefunden.

Der Boden für derartige Beschwerden war in dem in= dustriellen Lyon und dem nicht minder gewerbreichen Languedoc, welches mit jenem der gleichen wirthschaftlichen Zone zuge= theilt war, besonders günstig. Zumal aus dem letzteren be= gegnen wir schon frühzeitig Klagen über die Strenge der Re= glements. Dort war es auch, wo Colbert nach dem Kriege mit Holland mit außergewöhnlichem Eifer für die wirthschaft= liche Hebung der Landschaft eintrat. So veranlaßte er um jene Zeit die Bildung einer großen Kompagnie, welche den Absatz der dortigen Tuchfabrikate nach der Levante befördern sollte. Nach längeren Vorbereitungen erhielt diese mit vielen Vergünstigungen ausgestattete Gesellschaft die königliche Ge= nehmigung am 8. Mai 1683.[1]) Ob Colbert um jene Zeit, sei es allein, sei es mit dem Könige einmal persönlich dort anwesend war, darüber versagen mir freilich die Quellen.

Fassen wir die bisher gewonnenen Resultate zusammen, so ergibt sich, daß über jene Versammlung, in welcher nach der Tradition das Schlagwort zuerst gefallen sein soll, die gleichzeitigen mir zugänglichen gedruckten Geschichtsquellen zwar

---

nigstens verdankt vorgenanntes Sammelwerk der für nöthig erachteten Be= tonung derselben sein Entstehen. Um die Mitte des 18. Jahrhunderts be= gegnen wir wieder einer weitläufigen Vorstellung der schweizerischen Kaufleute zu Lyon an Ludwig XV., den sie demüthig bitten, sie in ihren alten „Frei= heiten" schützen zu wollen. Dieselbe erschien im Druck unter dem Titel: Mémoire des négociants et autres Suisses habitués en France, sur la nature et l'étendue des priviléges et avantages que les commerçants et autres Suisses ont acquis et dont ils ont joui légitimement en France, in Fol. 83 Seiten (ohne Jahreszahl).

[1]) Savary, Dict. Art. Règlement.

nichts aussagen, daß sie aber die Möglichkeit eines derartigen Vorkommnisses indirekt bestätigen. Zugleich haben wir aus verhältnißmäßig früher Zeit den Bericht über ein völlig gleich= laufendes Zusammentreffen mit Colbert, über ein Begebniß, das wir geneigt wären als dasjenige anzusehen, dem wir nachforschen, wenn die Angaben über den Wortlaut nicht beiderseitig so präzise wären, daß eine Zusammenziehung beider Vorfälle als unzulässig erscheint.

Daß der Verfasser eines Werkes über kaufmännische Arith= metik und anderer Schriften zu jener Zeit, François Legendre, identisch sei mit jenem Großkaufmanne Legendre, welchem die Tradition den Wahrspruch zuerst in den Mund legt, dafür spricht Vieles, wenn dieser Punkt auch nicht vollständig er= wiesen werden konnte.

Als Geburtsort der Formel gibt eine in der Schweiz ein= gebürgerte Tradition Lyon an, doch konnte das nicht durch sonstige Quellen gestützt werden. Ebenso war als Geburtsjahr der Maxime das Jahr 1680 nur indirekt zu folgern.

Das Dunkel, welches über dem Vorkommniß, das unserer Maxime in ihrer Stammform laissez (nous) faire das Leben gab, bisher gewaltet hat, erscheint sonach um Einiges gelichtet, aber auch nur gelichtet. Endgültiges läßt sich darüber immer noch nicht aussagen. Ich muß die Weiterverfolgung der betreffenden Spuren den Landsleuten Legendre's überlassen.

Auf einem festern Boden befinden wir uns nun freilich, wenn wir dem ersten Auftreten der Formel in der Literatur nachforschen.

Erstes Auftreten des „Laissez faire" in der Wissenschaft.

Ein Schlagwort allein bildet noch keine Wissenschaft, mag es auch noch so nachdrucksvoll gebraucht werden. Für die Theorie als solche hat die Maxime laissez faire et laissez passer erst von da an Bedeutung, wo sie ganz oder theilweise als Kernpunkt einer methodisch durchdachten und literarisch entwickelten Gedankenfolge auftritt. Wo ist das nun am frühesten geschehen?

Gewöhnlich wird gesagt: bei den Physiokraten. Nachdem wir aber den Ursprung wenigstens der Stammform schon in eine viel frühere Periode verweisen mußten, haben wir allen Anlaß, auch für deren erstes theoretisches Auftreten in der Vorzeit dieses Systemes Umfrage zu halten.

Es ist klar, daß wir ihr nicht in jenem Gedankenkreise werden nachzuforschen haben, der zur Stütze des alten Systemes diente. Wir müssen sie suchen in jener freiheitlichen Geistes=strömung, deren Keime zu Ende der Regierungszeit Lud=wigs XIV. zu treiben anfingen und gegen welche sich der Machthaber mit der ganzen Heftigkeit seiner Natur, wiewohl vergeblich, gestemmt hat. Dabei muß man aber doch unter=scheiden, daß die Opposition von zwei verschiedenen Seiten kam, nämlich sowohl vom Ultra=Feudalismus als vom neu=aufstrebenden radikalen Bürgerthum. Dies wird häufig zu=sammengeworfen.

Die Fénélon, Boulainvillier, St. Simon u. A. kämpften für eine Wiederaufrichtung der mittelalterlichen Lehensordnung, welche durch das absolute Königthum über den Haufen ge=worfen worden war. Zumal der vielberufene Constitutio=nalismus des Ersteren hatte kein anderes Ziel als die Wieder=

einsetzung des ersten und zweiten Standes in die alten Vorrechte, wo der König nur primus inter pares gewesen war. Die «liberté féodale» Boulainvillier's ferner hatte mit der allgemeinen Volksfreiheit im staatsbürgerlichen Sinne ebensowenig zu thun, wie die Freiheitsbetonungen St. Simon's. In Wahrheit bewegte sich der dritte Stand auf dem gleichen Culturboden wie das absolutistische Staatsregiment, mit dem er auch anfänglich verbündet war. Der Kapitalismus sog seine unterstützenden Kräfte in gleicher Weise aus dem wiederauflebenden römischen Rechte wie das cäsaristische Königsthum. Beide folgten dem gleichen Interessenzuge, der auf Brechung der Privilegien von Adel und Clerus und auf Herstellung eines allumfassenden und gleichberechtigten Staatsbürgerthums unter einem einzigen princeps ausging. Das l'État c'est moi ist ursprünglich dem Träger der Krone vom dritten Stande förmlich aufgedrungen worden, weil es zunächst gegen die privilegirten Stände gerichtet war.[1]) Erst als im Laufe der Zeit auch der dritte Stand darunter zu leiden hatte, wandte sich dieser davon ab und schuf sich seine eigene Parole.

---

[1]) Auf der Versammlung der Generalstände von 1614, der letzten, welche vor der späteren Revolutionszeit zusammentrat, nahm der dritte Stand folgende Sätze in sein Cahier auf: „Der König wird gebeten, in der Versammlung der Stände als unverletzliches und von Allen zu achtendes Grundgesetz folgendes beschliessen zu lassen: Der König ist souverän in seinem Staate, er hat die Krone von Gott allein und es besteht daher keine Macht auf Erden, sei sie geistlich, sei sie weltlich, welche irgend ein Recht auf sein Reich habe und welche die geheiligten Personen unserer Könige ihres Landes berauben und ihren Unterthanen vom Eid der Treue und dem schuldigen Gehorsam entbinden könne, was auch die Ursache oder der Vorwand hiefür sei. Alle Unterthanen, welche Eigenschaft sie immer haben mögen, werden dieses Gesetz für heilig und wahr halten als den Worten Gottes entspringend; sie werden keine Unterscheidung, keine Begrenzung oder zweideutige Auslegung machen. Dieses Gesetz wird ferner durch alle Abgeordneten der Stände und künftighin durch alle Beneficiers und Beamten des Königreichs beschworen und unterschrieben werden. Alle Lehrer, Vorsteher geistlicher Erziehungsanstalten (régents), Doctoren und Prediger sind gehalten, dieses Gesetz zu lehren und zu veröffentlichen." (Mitgetheilt bei Eugen Jaeger, Geschichte der socialen Bewegung und des Socialismus in Frankreich, 1876, Bd. I., p. 349 f.).

Diese entstand zunächst auf ökonomischem Boden und lautete
bloß abwehrend: laissez-nous faire. Sie erhielt dann auf
politischem Gebiete eine angriffsmäßigere Formulirung in den
Worten: liberté, égalité, fraternité, was gemäß der berühmten
Frage des Abbé Siéyès: was ist der dritte Stand? nichts
Anders zu bedeuten hatte als das l'état c'est moi des Bürger=
thums. Dabei darf man noch eine weitere wichtige Unterschei=
dung nicht übersehen.

Der ganzen Vorperiode der großen französischen Revolution
ist der Interessengegensatz zwischen dem dritten und vierten
Stande keineswegs klar. Letzterer wird stillschweigend als im
ersteren mitbegriffen angenommen. Diese Unklarheit hat
hinterher zu verhängnißvollen Täuschungen Anlaß gegeben.
Wenn man näher zusieht, so sind fast alle Klagen über die
elende Lage des Volkes nicht von Zuständen des dritten,
sondern des vierten Standes hergenommen. Der dritte Stand,
der sich vornehmlich aus den Kapitalisten und Unternehmern
der Städte zusammensetzte und zu welchem auch die viel=
gehaßten Steuerpächter und Agioteure gehörten, befand sich
durch das ganze achtzehnte Jahrhundert hindurch nicht eigentlich
schlecht. Er sorgte auch schon dafür, daß die ihm auferlegten
Steuern in der Hauptsache auf den vierten Stand abgewälzt
wurden. Nichtsdestoweniger beutete das Bürgerthum die Noth=
lage des vierten Standes für seine eigenen Kämpfe mit der
Krone aus, wobei man unvorsichtig genug war, verschiedene
Principien des vierten Standes zu den seinigen zu machen.
In der Schreckenszeit der französischen Revolution gelangte
dann der vierte Stand, wiewohl vorläufig erst halbbewußt,
auf kurze Zeit an's Staatsruder, und nahm an sämmtlichen
oberen Ständen seine Rache. Durch Napoleon's starke Hand
ward schließlich wieder der dritte Stand zum Träger der Staats=
idee erhoben und in seiner neuen Machtstellung dauernd befestigt.

Die soeben skizzirten Gegensätze spiegeln sich, bald stärker
bald schwächer, in der Literatur des achtzehnten Jahrhunderts,
wenn man nur darauf achtet; sie ergeben die Aufhellung von

mancherlei Unklarheiten, welche sonst das Geschichtsbild verdunkeln.

Zwei Schriftsteller sind es, die schon zu Lebzeiten des Roi soleil den Muth haben, als Vertreter der unteren Stände auf die Nothwendigkeit politischer Reformen in deren Interesse hinzuweisen und entsprechende Vorschläge zu machen, der Parlamentsrath zu Rouen, **Pierre le Pesant de Boisguillebert** einerseits, der **Marschall Vauban** andererseits. Beide waren Zeitgenossen. Um 1697 erschien die Hauptschrift des Ersteren Détail de la France, worauf Vauban mit seiner Dîme royale ein Jahrzehnt (1707) später nachfolgt, in welchem er sich mehrfach auf den Vorläufer bezieht. In dem gleichen Jahre 1707 veröffentlichte Boisguillebert sein zweites größeres Werk Factum de la France, gleichsam als Ergänzung seiner frühern Schrift. Die sämmtlichen ökonomischen Abhandlungen des Letztern erschienen gesammelt in einer zweibändigen Ausgabe um 1712, zwei Jahre vor dem Tode des Verfassers.[1)]

Bei den Werken Boisguillebert's kann man so recht sehen, wie gewisse Eigenthümlichkeiten selbst da zum Durchbruche gelangen, wo scheinbar dagegen aufgetreten wird. Keinen schärferen Gegner der staatlichen Unfehlbarkeit in wirthschaftlichen Dingen kann es geben als den Rouener Parlamentsherrn. Das hindert nicht, daß er seinerseits mit dem gleichen Anspruche auf Unfehlbarkeit auftritt. Wenn man das Titelblatt des Factum de la France liest, welches als Inhalt die « moyens très-faciles » verspricht, wie dem allgemeinen Nothstande abzuhelfen sei, « praticables par deux heures de travail de Messieurs les Ministres, et un mois d'exécution de la part des Peuples », so wird man daran erinnert, daß auch die Nationalökonomie ihr alchimistisches Zeitalter zu durch-

---

[1)] Diese Gesammtausgabe, nach welcher hier citirt wird, trägt den Titel: Le Détail de la France sous le règne présent, augmenté en cette nouvelle Edition de plusieurs Mémoires et Traités, sur la même Matière. Bruxelles, 1712.

laufen hatte, wo man glaubte, den Stein der Weisen suchen zu müssen, und, was schlimmer ist, ihn gefunden zu haben. Es ist dies ohne Zweifel einer der Gründe, welche in unsern Tagen das Manchesterthum, welches ja ebenfalls die Anforderung der Unfehlbarkeit erhebt, mit Vorliebe auf Boisguillebert hat zurückgreifen lassen, um ihn gleichsam als ältesten Ahnen ihrer Lehre zu feiern. Bildet doch thatsächlich die Freiheit des Handels, im besondern des Getreidehandels, den Angelpunkt seiner Darlegungen. Das will nun allerdings nicht allzu viel sagen, wenn man bedenkt, daß wir auch in den Denkschriften Colbert's stets der Forderung begegnen, der Handel müsse frei, ja sogar « extrêmement libre » sein. Und doch wendet sich der Rouener Parlamentsherr mit Schärfe gegen diesen Minister, von dessen Amtsantritt im Jahre 1661 er den Verfall Frankreichs datirt. Man muß also auch bei ihm fragen, was er unter seiner Handelsfreiheit eigentlich verstanden wissen wolle.

Die Anhänger der Manchesterlehre sind sich darüber vollkommen klar. « *Laisser faire, laisser passer*, voilà à quoi aboutissent toutes les études et toutes les recherches de Boisguillebert », so läßt sich J. E. Horn in seiner von der französischen Académie des Sciences Morales et Politiques preisgekrönten Schrift: L'économie politique avant les Physiocrates [1]) vernehmen. Und die gleiche Auffassung, wenn möglich noch schärfer, hält das ebenfalls preisgekrönte Buch Felix Cadet's: Pierre de Boisguillebert, précurseur des Economistes [2]) ein. Dagegen sind nun Dühring,[3]) Cohn[4]) und Starzynski[5]) aufgetreten mit dem Einwurfe, daß jene

---
[1]) 1867, p. 337
[2]) Paris, 1870.
[3]) E. Dühring, Kritische Geschichte der Nationalökonomie und des Socialismus. Berlin, 1875. 2. Aufl.
[4]) G. Cohn, Tübinger Zeitschrift für Staatswissenschaften, Jahrgang 1869. Artikel Boisguillebert.
[5]) W. v. Starzynski, Pierre de Boisguillebert und seine Beziehungen zur neueren Volkswirthschaftslehre, Berlin, 1873.

Handelsfreiheit keineswegs als eine absolute gedacht werden dürfe; und dies ist auch richtig.

Zunächst hat Boisguillebert mit seinen Vorschlägen genau das entgegengesetzte Ziel im Auge als unsere moderne Freihandelslehre. Nicht niedrige Getreidepreise, wie das jetzt angestrebt wird, sondern hohe, möglichst hohe Preise waren das Ziel sowohl Boisguillebert's, wie das seiner Nachfolger, der Physiokraten,[1]) und dazu sollte der Freihandel verhelfen. Nicht auch das Interesse der Industriellen, sondern das des Bauern und zwar des Kleinbauern allein wurde zum Ausgangs- und Endpunkte genommen. Die Industrie sah man mit scheelen Augen an. Wenn der Bauer hohe Getreidepreise habe, so erfreue er sich eines hohen Gelderntrages und könne dann auch mehr Fabrikate kaufen; seien die Preise niedrig, so verliere der Bauer an Einkommen und damit an Kaufkraft; noch mehr, auch der Grundkapitalwerth sinke mit dem Nachlassen der Rentabilität des Bodens, und dadurch würden die Stützen des Staates unterwühlt. Daher der später von Quesnay formulirte Satz, der aber schon den Gedankengang Boisguillebert's beherrscht: «Pauvres paysans, pauvre royaume; pauvre royaume, pauvre roi!»

Boisguillebert wie später auch die Physiokraten wollte den durch die einseitig städtische Cultur Colbert's vernachlässigten und durch die Handelsherren geknechteten, ländlichen, vierten Stand in ähnlicher Weise auf die Stufe des dritten Standes emporheben, wie sich das kapitalistische Bürgerthum aus dem Zunftbürgerthum der Städte vornehmlich durch die Bemühungen Colbert's herausgearbeitet hatte. Dieser Gedanke steckte in der Forderung der großen Cultur (grande culture), welche nach englischem Muster in der Verfassung des Großpächterthums (fermage) betrieben werden sollte und welche an

---

[1]) Vgl. über die diesfällige Lehre der Physiokraten: Der ältere Mirabeau und die Oekonomische Gesellschaft in Bern von A. Oncken, Bern, 1886. (Als Heft I. dieser „Berner Beiträge zur Geschichte der Nationalökonomie" erschienen.)

Stelle der bestehenden Kleincultur (petite culture) in der Form der mehr feudalen Halbscheidpacht (métayage) treten sollte.

Wie kommt nun aber der Freihandel dazu, als Mittel zur Erhöhung der Kornpreise empfohlen zu werden? Die Erklärung gibt einen Beleg für die Relativität aller volkswirthschaftlichen Maßnahmen, sowie für die Nothwendigkeit, überall da, wo man in der Geschichte dem Worte Freihandel begegnet, denselben auf seinen jeweiligen Begriff zu prüfen.

Boisguillebert versteht unter seiner «liberté de commerce des grains» keineswegs die Einfuhrfreiheit des Getreides, welche ja den Angelpunkt der modernen Freiheitslehre bildet, sondern blos und ausschließlich die Ausfuhrfreiheit.

Frankreich produzirte das ganze siebenzehnte und achtzehnte Jahrhundert hindurch einen bedeutenden Ueberschuß an Getreide, welchen es vornehmlich nach Spanien und, vor der unter Wilhelm III. (1689) erlassenen Korngesetzgebung, auch nach England absetzte. Boisguillebert schätzt diesen Ueberschuß, allerdings weit übertrieben, auf nicht weniger als die Hälfte des ganzen französischen Landesertrages. Der stehende Vorwurf, den er nun gegen Colbert erhebt, ist der, Jener habe die Getreideausfuhr verboten, um das Korn im Inlande auf Kosten der Bauern niedrig im Preise zu halten, damit die städtische Industrie billiges Brod und dadurch niedrige Arbeitslöhne erhalte. Was also unsere moderne Freiheitslehre als wichtigstes Postulat ausdrücklich zum Ziel nimmt, das wird von dem ersten angeblichen Ahnen derselben gerade als schwärzestes Unrecht gebrandmarkt.

Daß freie Einfuhr des Getreides die Preise drückt, weiß Boisguillebert sehr wohl, und eben dies ist der Grund, weßhalb er sich überall, wo er darauf zu sprechen kommt, mit Nachdruck gegen dieselbe erklärt. Im 11. Chap. des Factum,[1]) wo die damals zugelassene Getreideeinfuhr aus der Berberei in die Provence erörtert wird, will er diese Einfuhr untersagt

---

[1]) Part. II. der genannten Gesammtausgabe.

wissen. Allerdings werde durch dieses Verbot der Preis des Getreides gleichsam wie durch eine Auflage erhöht, allein er meint: «Les bleds de Barbarie exclus de la Provence, redonneront au Languedoc six fois cette hausse d'impôt, et à la Provence même[1]).» Höchstens in den Zeiten des Mißwachses (stérilité) sei diese Einfuhr ausnahmsweise zuzulassen als ein nothwendiges Uebel: «Mais par la continuation ordinaire, il n'y a rien de si préjudiciable». Dieser Handel biene nur dem Interesse der Zwischenhändler, welche einzig auf ihren privaten Gewinn, nicht aber auf das Interesse von König und Volk sähen. Letzteres laufe dem Kapitalinteresse entgegen und dafür mit dem Bodenwerthe parallel, denn «l'augmentation du prix des denrées fait celui des terres, qui seules font vivre tous les Etats.»[2])

Um die Kornpreise vor dem schädlichen Sinken zu bewahren, macht Boisguillebert an anderem Orte, nämlich in seiner berühmten Sonderabhandlung Traité de la Nature, Culture, Commerce, et Intérêt des Grains[3]) sogar den Vorschlag, das Beispiel der Engländer zu befolgen und Ausfuhrprämien für das Getreide festzusetzen. Ja, er hat, wieder an anderem Orte, nichts gegen das Vorgehen der Holländer einzuwenden, welche einen Theil der Kornvorräthe vernichten, damit der Rest um so höhere Preise erziele.

Fügen wir noch hinzu, daß der alte Anwalt des Freihandels auch für den inneren Verkehr obrigkeitliche Preistaxen empfiehlt, um «par une autorité puissante» zu verhindern, «qu'une marchandise ne devienne la proie et la victime de l'avidité d'un commerçant,»[4]) so bekommt man ein hinreichendes Urtheil über die Befugniß, mit welcher sich die modernen Freihändler auf Boisguillebert als ihren Ahnherrn berufen, während er eher der Ahnherr unserer modernen Agrarier genannt werden könnte.

---

[1]) Part. II der genannten Gesammtausgabe, p. 123.
[2]) Ibid. p. 125.
[3]) Part. II, Chap. I.
[4]) Traité, Part. I, Chap. II.

Aus der obenangeführten Stelle des Buches von J. E. Horn könnte angenommen worden, daß unsere Formel bereits in den Werken Boisguillebert's vorkommt. Daß dies, wenigstens dem später damit verbundenen Sinne nach, nicht der Fall ist, haben wir soeben gesehen. Das brauchte nicht zu hindern, daß etwa der Form nach die Parole angewendet worden wäre.

Thatsächlich kann nicht geläugnet werden, daß Anklänge genug zu bemerken sind, wie denn die Sprechweise Boisguille=bert's schon nahe an die der späteren Physiokraten streift. In diesem Sinne hat auch W. Roscher in der Note 10 zu § 97 seiner „Grundlagen der Nationalökonomie" folgenden Satz citirt: «Il n'y avait qu'à laisser faire la nature et la liberté, qui est la commissionnaire de cette même nature,»[1]) rc. Solcher Aussprüche finden sich viele, wobei man aber immer den Sinn des Verfassers von demjenigen der modernen Theoretiker unter=scheiden muß. Als wirkliche Formel dagegen, als Denkspruch zeigt sich das laissez faire nirgends aufgeführt, wenn es auch scheint, als habe es dem Schreiber unaufhörlich im Ohre geklungen.

Im Keime bemerken wir bei Boisguillebert auch schon das später stets mit der Formel in Verbindung gebrachte Princip von der Harmonie der Interessen. Allerdings muß man überall cum grano salis lesen. Es ist dies der Punkt, wo Dühring und J. Starzynski, und bis zu einem gewissen Grade auch Cohn, ihre Hebel angesetzt haben, um den man=chesterlichen Ansprüchen entgegenzutreten; jedoch, wie mir scheint, gerade hier nicht mit besonderem Glück.

Das Factum bringt nämlich in Chap. IV zunächst eine Darlegung der Harmonie des Wirthschaftslebens bei freiem Verkehr und, unmittelbar anschließend, die auffallende Be=merkung, daß «par une corruption de cœur effroyable» diese Harmonie der Interessen immerfort gestört werde, indem jeder Einzelne von Morgens bis Abends darauf sinne, seinen

---

[1]) Factum, Ch. 5, p. 33.

Nächsten über's Ohr zu hauen; nur auf der Spitze des Degens könne die Gerechtigkeit (justice) im Gesellschafts= leben aufrecht erhalten werden. Dühring glaubt nun diesem Widerspiele entnehmen zu müssen, daß, „wenn irgendwo ein Gedanke in zwei einander widersprechenden Hälften zur Welt gekommen, dies hier geschehen" sei.¹) Allein der vermeint= liche Widerspruch löst sich sofort, wenn man die betreffenden Sätze aufmerksamer liest. Es ist nämlich das eine Mal von dem gewerbsmäßigen Tauschverkehr, das andere Mal von der Abwehr von Betrug und Raub durch die öffentliche Rechts= ordnung die Rede. Im letzteren Sinne wird allerdings gesagt: «Ce n'est qu'à la pointe de l'épée que la justice *(sic)* se maintient dans ces rencontres.» Die Harmonie der In= teressen soll dagegen nur vom Geschäftsverkehre als solchem im tauschwirthschaftlichen Sinne (commerce) gelten. Denn so heißt es genau: «Ainsi dans le commerce *(sic)* de la vie, elle (la nature et la providence) a mis un tel ordre, que pourvu qu'on laisse faire, il n'est point au pouvoir du plus puissant, en achetant la denrée d'un misérable, d'empêcher que cette vente ne lui procure sa subsistance; ce qui maintient également l'opulence, à laquelle l'un ou l'autre sont redevables de leur subsistance proportionnée à leur état.»²)

Nun hat es aber niemals einen Anhänger des laissez faire und des Postulats der Harmonie der Interessen gegeben, der diese beiden Principien auch auf die Rechtspflege hätte aus= gedehnt wissen wollen. Und wenn Skarzynski meint, durch die Einführung des Wortes justice in die Darlegungen des Fac- tum neben dem Worte commerce werde der Gedankengang unnöthigerweise getrübt und dadurch ein „wahres Nest von allerlei Widersprüchen, Material zu bodenlosen Controversen, schiefen Schlüssen und unnöthigen Hypothesen"³) geschaffen. so bin ich gerade umgekehrt der Meinung, daß die Ideen

---

¹) A. a. O, S. 78.
²) Part. I, p. 22 f.
³) A. a. O. S. 58.

Boisguillebert's dadurch erst geklärt werden, indem er genau die Gränze zieht, wo jene Harmonie gelten soll, wo nicht.

Alles in Allem genommen, werden wir zwar zugestehen müssen, daß das laissez faire bei Boisguillebert in Anklängen vorhanden ist, keineswegs aber in der Ausdehnung und mit demselben Begriffe, wie es die neueren Freiheitstheoretiker, die überdies ein anderes, ja in gewissem Sinne entgegengesetztes praktisches Ziel als er verfolgen, hinzustellen sich bemühen.

Verwandt mit den Bestrebungen des Parlamentsrathes zu Rouen bewegt sich der Autor des berühmten Projet d'une dîme royale¹), der Marschall Vauban. Das Werk, in den letzten Jahren des 17. Jahrhunderts abgefaßt und dem Könige im Manuscript wiederholt eingereicht, erschien endlich, als es an dieser Stelle keine Beachtung fand, im Jahre 1707 ohne Erlaubniß des Censors im Druck, was bekanntlich die Ungnade des Königs und dadurch den beschleunigten Tod des Verfassers zur Folge hatte. Ich sage, die Bestrebungen Vauban's sind mit denen Boisguillebert's verwandt, sie sind keineswegs die nämlichen, und schon aus diesem Umstande ergibt sich die Hinfälligkeit der Behauptung Voltaire's, daß eigentlich der Letztere der Verfasser jenes Buches sei. Haltung und Gefüge sind im Uebrigen bei der Dîme weit gediegener und staatsmännischer als bei den Schriften Boisguillebert's. Wenn Dieser schon mit zwei Stunden Ministerarbeit dem allgemeinen Uebel glaubt abhelfen zu können, so heischt Vauban volle 15 Jahre dazu. Dagegen ist es in der That übertrieben, wenn man den Marschall als den Vater der französischen Statistik hinzustellen beliebt hat.²) Vielleicht sind gerade die berühmten Stellen, welche man in allen Geschichtsbüchern und sonstigen

---

¹) Ich citire nach der kleinen in der Bibliothèque Nationale erschienenen Ausgabe vom Jahr 1877. Paris.

²) Dies geschieht u. A. in der Notice sur Vauban, welche der oben genannten Ausgabe vorangestellt ist, p. V.

4

Werken, als die Zustände jener Zeit kennzeichnend, angerufen findet, das statistisch schwächste an dem ganzen Buche.

Einig sind beide genannten Schriftsteller, die sich wechselseitig citiren, darin, daß es die Aufgabe des Staates sei, die im Elend schmachtenden niederen Volksklassen auf eine höhere Stufe des Wohlbefindens emporzuheben. Während Boisguillebert dabei aber in erster Linie auf das Wohl der ackerbauenden Bevölkerung sieht und deren Befinden als ausschlaggebend auch für die übrigen Volkskreise hinstellt, zieht Vauban die kleinen Stadtbürger, wie Handwerker, Manufakturarbeiter u. s. w. ebenbürtig in diesen Gesichtskreis herein, wobei ihm freilich die gleiche Verwechslung oder besser Vermischung von drittem und viertem Stand begegnet wie seinem Zeitgenossen. Die «partie basse du peuple», welche durch ihre Arbeit und ihren Handel den ganzen Staat bereichere, dem Könige die Abgaben bezahle, die Soldaten und Matrosen zur Landesvertheidigung stelle u. s. w., setzt sich bei ihm aus allen nicht den beiden oberen Ständen beizurechnenden Bevölkerungsgliedern zusammen. Diese ununterschiedene partie basse ist es nach ihm «qui exerce et qui remplit tous les arts et métiers; qui fait tout le commerce et les manufactures, tous les laboureurs, vignerons et manoeuvriers de la campagne; qui garde et nourrit les bestiaux; qui façonne les vignes et fait le vin; et pour achever de le dire en peu de mots, c'est elle qui fait tous les gros menus ouvrages de la campagne et des villes.» [1])

Während nun aber Boisguillebert in erster Linie gegen die falsche Politik der absoluten Staatsgewalt ankämpft, lehnt sich Vauban umgekehrt an den Staat an und wendet sich ausschließlich gegen die Ueberbleibsel des mittelalterlichen Feudalismus, wie sie in den Vorrechten des Clerus und Adels sich verkörperten. Die Mitglieder zumal des zweiten Standes sind ihm jenes Otterngezücht, welches dem Volke das Blut

---

[1]) Préface, p. 23.

auşſaugt und bei Hofe doch ſo ſtolz einherſchreitet, als habe
es den Staat gerettet. Dem machtvollkommenen Staate ſchiebt
der greiſe Feſtungsbaumeiſter die Miſſion zu, mit ſeiner über=
legenen Zwangsgewalt die Steuerbefreiungen der Bevorrechteten
zu zerbrechen und alle Unterthanen mit den gleichen Pflichten
für die öffentliche Ordnung zu belaſten. Die Schrift Vauban's
iſt daher ein Appell an den Abſolutismus gegen den ver=
lotterten Feudalismus. Mit dem letztern ſoll aufgeräumt
werden. An die Stelle der Feudalherren ſoll der König treten,
dem hinfort allein durch eine einzige Reichsabgabe nach dem
Muſter des kirchlichen Zehnten geſteuert werden ſoll. Natürlich
hat der König dann auch allein die Rechtspflege und die
Staatsvertheidigung zu übernehmen, welche bisher noch theil=
weiſe als Attribute des Adels galten.

Vauban konnte gemäß dieſen Ideen alſo ſehr wohl vor=
ausſetzen, der Souverän werde ſeinen Vorſchlag nicht ungnädig
aufnehmen. Entſprach dieſer doch im Vollen den älteſten und
beſten Traditionen des Abſolutismus, als derſelbe nämlich noch
im Bündniß mit dem dritten Stande dem Einheitsſtaate zuge=
ſtrebt hatte. Nur die Reizbarkeit Ludwigs XIV., der jedwedem
Rath als eine ihm perſönlich angethane Beleidigung auffaßte,
konnte dem ehrfurchtsvoll dargebrachten Buche jene bekannte
heftige Zurückweiſung bereiten.

Sonach ſteht der franzöſiſche Marſchall dem Syſteme Col=
bert's[1]) weit näher als der Gerichtsbeamte von Rouen. Und

---

[1]) Die Abfaſſung der Dîme royale fällt lange Zeit nach der Periode
Colbert's. Dieſer ſchätzte Vauban ſehr. Als Marineminiſter hatte er
nicht nur die Befeſtigungen der Hafenſtädte in ſeiner Verwaltung, ſondern
als Contrôleur Général auch diejenigen feſten Plätze, welche in die als
domaine du roi bezeichneten Landſchaften fielen. Dahin gehörten die Pi=
cardie, Champagne, Bourgogne, Provence, Dauphiné, Languedoc ſowie
ein Theil des Elſaß. Das Verhältniß zwiſchen beiden Männern war
nicht immer ungetrübt. Bei den zu Anfang der ſechziger Jahre unternom=
menen Befeſtigungsarbeiten von Breiſach kam es zu heftigen Auseinander=
ſetzungen. Intendant des Elſaß war damals ein Vetter des Miniſters, Charles
Colbert, der auf den Feſtungsbaumeiſter einen Haß geworfen hatte und

dies drückt sich klar in den speziell volkswirthschaftlichen Erörterungen der Dîme royale aus.

Die Darlegungen über den Handel werden sofort mit der allen merkantilistischen Schriftstellern eigenthümlichen Unterscheidung von nützlichem und schädlichem Handel begonnen. Der erstere sei wünschenswerth, weil auf die Vergrößerung des Reichthums und der Macht des Staates abzielend, der andere zu fürchten. Die praktische Konsequenz dieser Anschauung, welche unklar bereits den Begriff der Handelsbilanz in sich schließt, zieht er mit den Worten: «Il faut donc exciter l'un par la protection qu'on lui donnera, l'accroître et l'augmenter, et interdire l'autre»¹); letzteres freilich nur so weit, als dadurch nicht die friedlichen Beziehungen mit den Nachbarländern geschädigt würden.

Diese Auffassung bedingt nun aber eine umsichtige Leitung des Handels durch die Staatsregierung und daher tritt Vauban für die Nothwendigkeit eines Conseil de Commerce ein, welchem letzteren die Aufgabe zuzufallen habe, die Zustände des Handels, und was diesem dienlich, zu erforschen, dem Könige darüber Bericht zu erstatten und Vorschläge zur Erhaltung und Hebung des allgemeinen wirthschaftlichen Wohles zu machen. Dieser Conseil solle auch dafür Sorge tragen, daß die den Geschäftsleuten und deren Waaren aufzulegenden Abgaben an-

---

ihn bei seinem hohen Verwandten unnöthiger Ausgaben bezichtigte. Der Gegensatz wurde noch künstlich durch Louvois geschürt. Als die Untersuchung, welche Colbert einleitete, die völlige Unschuld Vauban's herausstellte, schritt der Minister scharf gegen seinen Vetter ein und behandelte hinfort den Festungsbaumeister mit der größten Auszeichnung, indem er ihm namentlich die Befestigung des wichtigen Dunkerque übertrug. Bei Vauban scheint jedoch immer ein gewisser Stachel zurückgeblieben zu sein, wenigstens hielt er sich stets mehr zu Louvois. Aber auch mit diesem setzte es später Kämpfe ab. Anlaß hiezu gab die Aufhebung des Edikts von Nantes, gegen welche Vauban mit mehreren Denkschriften auftrat. In der schroffsten Weise wurde er dafür von Louvois abgekanzelt. Vgl. hierüber den Briefauszug bei G. Michel, Histoire de Vauban (1879) im Anhang, p. 435 f., sodann Ch. III, p. 51 und Ch. VI.

¹) p. 69.

gemessen veranlagt würden, nämlich in der Weise, daß sie den nützlichen Handel beförderten, den schädlichen aber verhinderten.

Auf Grund dieser Anschauungen, welche an vielen Stellen des Buches durchbrechen, würde sich ein ganzes merkantilistisches Lehrgebäude aufbauen lassen. Das ist auch dem manchesterlichen Herausgeber der Economistes Financiers du dix-huitième Siècle, Eugène Daire, nicht entgangen. Und obgleich er sich alle Mühe gibt, Vauban für die absolute Freihandelslehre zu retten, konnte er angesichts dieser Stellen doch den Seufzer nicht unterdrücken: « La sagacité habituelle de l'auteur nous semble ici un peu en défaut.» In Wahrheit sind diese Sätze Vauban's aber nur die scharfe Konsequenz seiner kulturhistorischen Gesammtanschauung und er würde umgekehrt den Vorwurf mangelhafter Geistesschärfe verdient haben, wenn er Herrn Daire mehr zu Danke gearbeitet hätte. Vauban ist strenger Centralist. Auch in der Volkswirthschaft soll der Staat, beziehungsweise das einheitliche nationale Zollgebiet nach der Idee Colbert's, an Stelle der vielen kleinen durch Provinzialzölle abgetheilten Wirthschaftsgebiete treten. Diese Zölle will er abgelöst und an die Gränzen des Landesgebietes verlegt wissen. Die übrigen, den Verkehr im Innern hemmenden Gefälle sollen durch eine allgemeine direkte Reichseinkommensteuer ersetzt werden. Es ist in diesem Sinne richtig, wenn G. Michel in seiner Histoire de Vauban[1]) die dîme royale als einen Vorläufer der englischen Income tax hinstellt, wobei freilich der parlamentarische Bewilligungsapparat fehlt.

Dieser Vergleich ist jedenfalls richtiger als die Zusammenstellung der dîme mit dem physiokratischen impôt unique, welcher man öfters begegnet. Der „Königszehnten" ist keineswegs, und soll nicht sein, eine feste Katastersteuer wie die „Einsteuer" der Physiokraten. Er soll sich auch nicht bloß wie diese einzig und allein auf das Grundeigenthum erstrecken,

---

¹) p. 387.

sondern jedwedes Einkommen, komme es aus dem Acker=
bau, Gewerbe, Handel oder aus Zinskapitalien, treffen.
Die dîme will sein eine bewegliche, je nach den Bedürf=
nissen des Staates einerseits und den Einkommenszuständen
der Pflichtigen andererseits schwankende Abgabeform; dieselbe
hat gemäß dem ganzen Staatsfinanz=Systeme Vauban's noch
anderweitige Staatssteuern, z. B. Eingangszölle, neben sich,
was der impôt unique bekanntlich nicht zuläßt. Die Phy=
siokraten haben diese Nichtübereinstimmung des Vauban'=
schen Vorschlages mit dem ihrigen auch wohl gefühlt. Und
obwohl sie niemals anders als mit Achtung von Vauban
reden, so weisen sie die Gemeinsamkeit mit dessen Ideen
doch von sich. Dies geschieht z. B. von Dupont de Ne=
mours, wenn er in der Notice, welche er in der von ihm da=
mals redigirten physiokratischen Zeitschrift Ephémérides d'un
Citoyen[1]) über die Geschichte der politischen Oekonomie gibt,
von der dîme royale spricht, als von dem „Irrthum des
großen, weisen und dreimal guten Vauban, der noch nichts
vom produit net wußte, und nicht daran dachte, daß die Er=
werbskapitalien niemals einer Steuer unterworfen werden
dürften." Die Geschichte hat aber hinterher Vauban recht ge=
geben und nicht den Physiokraten.

Wenn wir nun zum Schlusse noch im Ganzen die Frage
stellen, welches Verhältniß nimmt Vauban zu unserem Sinn=
spruche ein? so lautet die Antwort: gar keines, und das weder
der Form noch dem Begriffe nach. Die dîme royale baut sich
auf einem Boden auf, der demjenigen des laissez faire inner=
halb der gleichen Kulturströmung entgegengesetzt ist. Und das
ganze Ergebniß unserer Untersuchung beschränkt sich darauf,
dies gegenüber jenen Ansprüchen festgestellt zu haben, welche
in unsern Tagen darauf ausgingen, die Autorität Vauban's
im manchesterlichen Sinne auszubeuten.

Etwas ganz anderes ist es nun, wenn wir zu einem
Manne übergehen, den die Physiokraten stets mit besonderer

[1]) Jahrgang 1769, Aprilheft.

Vorliebe als einen ihrer Vorläufer bezeichnet haben, zu dem Marquis d'Argenson.

Den Marquis d'Argenson, oder wie sein voller Name lautet René Louis de Voyer, marquis d'Argenson (1694—1757), den man nicht verwechseln darf mit seinem jüngeren Bruder, dem langjährigen Kriegsminister unter Ludwig XV., Grafen d'Argenson, haben wir bereits kennen gelernt, als diejenige Persönlichkeit, an welche die Urheberschaft der Parole pas trop gouverner angeknüpft wird. Als der älteste Sohn jenes Polizeipräsidenten gleichen Namens in der letzten Regierungszeit Ludwigs XIV. und nachmaligen Finanzministers unter dem Regenten Philipp von Orleans, war er nach des Vaters Tode auf Kosten des Königs in dem Jesuitenkolleg Louis le Grand erzogen worden, wo er mit Voltaire zusammen auf der Schulbank saß. Später war er mit seinem älteren Freunde, dem Abbé de Saint-Pierre, dem Urheber des Projektes vom ewigen Frieden, ein eifriges Mitglied jenes Club de l'Entresol gewesen, der sich als eine Art von freier politischer Akademie seit 1724 in der Wohnung des Abbé Alary, ehemaligen Erziehers Ludwigs XV., versammelte, später aber (1731) seiner Staatsgefährlichkeit wegen durch den Staatsminister Kardinal Fleury unterdrückt wurde. Bei d'Argenson schlägt der Geist des ancien régime in den vollendeten Radikalismus um. Der Marquis ist, so weit ich zu übersehen vermag, der erste Republikaner aus Prinzip in den Vorjahren der französischen Revolution. Wenn er seinen Ideen, zumal im Anfang, auch ein monarchisches Mäntelchen umhängt, so ist sein Plan von der « démocratie dans la monarchie » doch nichts weiter als die Auflösung des Staates in lauter selbständige Gemeinderepubliken (petites républiques), fast genau so, wie es später die Verfassung vom Jahre 1789 zu verwirklichen gestrebt hat. Die altgriechischen Republiken in der Vergangenheit, die republikanischen Gemeinwesen Holland und Schweiz in der zeitgenössischen Periode, sind ihm die Ideale, auf welche hinzuweisen er nicht müde wird. Namentlich die

Zustände der Schweiz und hier wieder Genfs scheinen ihm die besten der Welt zu sein, wie er denn in der Folge ein eifriger Verehrer Rousseau's geworden ist. In einer seiner frühest abgefaßten Schriften, den Considérations sur le gouvernement de la France, welche aber, wie die meisten seiner Werke, anfangs nur handschriftlich verbreitet waren und erst nach dem Tode des Verfassers im Druck erschienen[1]), heißt es: «Il n'y a en Europe de véritables états démocratiques, que les cantons populaires de la Suisse.[2])» Und weiter: «La Suisse est moins florissante que la Hollande; le terrain y est généralement ingrat; mais ses habitants sont peut-être le modèle de ce que les hommes devraient être pour être heureux.[3])» Der Plan für eine neue Administration, den er für Frankreich gibt und der 34 Artikel umfaßt, ist ganz nach dem Muster der damaligen schweizerischen Gemeinderepubliken angefertigt.

Wenn wir sonach später unserem Marquis auf kurze Zeit (November 1744 bis Januar 1747) als Minister des Auswärtigen begegnen, so dürfte er dieses Amt mehr der Verwendung des Kriegsministers d'Argenson, seines jüngeren und weltgewandteren Bruders, zu verdanken gehabt haben, als der Billigung seiner politischen Anschauungen Seitens des Königs. Wir können es aber durchaus begreifen, wenn hinterher, als einmal die Rede davon war, ihn zum Erzieher des Herzogs von Burgund, älteren Bruders Ludwigs XVI. zu berufen, der Vater den Einwand erhob, die Prinzipien dieses Mannes schienen ihm zur Bildung eines Thronfolgers nicht geeignet.[4])

Mit Saint-Pierre theilt d'Argenson den Glauben an die Idee des ewigen Friedens, wie es denn die Einwendungen gegen die kriegerischen Pläne seines Bruders gewesen sein sollen,

---

[1]) Amsterdam 1764, sec. éd. Liège 1787.
[2]) p. 8.
[3]) p. 63
[4]) Biogr. univ.

welche wieder seinen Austritt aus dem Ministerium bewirkten.
«La France est réellement arrivée au point de n'avoir plus
besoin de s'agrandir» schreibt er in seinen Memoiren[1]), ein
Standpunkt, der sich für jeden anderen Posten gewiß besser
geeignet hätte, als für den eines Ministers des Auswärtigen
in einem absoluten Staatswesen. Es liegt vielleicht hierin
die Erklärung dafür, daß ihm die Höflinge zum Unterschied
von seinem Bruder den Beinamen la bête gaben. Mit
Saint=Pierre theilt er ferner die Vorliebe für den dritten
Stand, den auch er in der ganzen Ausdehnung des all=
gemeinen Volksstandes auffaßt, und namentlich macht er
dessen später auch von Turgot aufgenommenen Gedanken
von dem natürlichen Aufsteigen des Menschengeschlechtes
von niederen zu höheren Culturstufen durch die allmählige
Aufklärung zu dem seinigen. „Es ist meiner Ansicht nach
— so ruft er aus — eine große Wahrheit, welche, so viel ich
weiß, kein Schriftsteller, Metaphysiker oder Politiker vor dem
Abbé St. Pierre ausgesprochen hat, unsere Hoffnung liege in
dem Fortschritt der allgemeinen Vernunft; die Welt war in
der Kindheit, sie steigt empor, sie vervollkommnet sich. Die
Barbarei verflüchtigt sich, die daraus hervorgehenden Laster
ebenfalls. Früher oder später werden die Tugenden deren
Platz einnehmen, denn diese sind nur die Stimmen der Natur
und der Ordnung."[2]) Während nun aber St. Pierre dieses
Aufsteigen unter Mitwirkung des Einheitsstaates und durch
denselben bewirken möchte, weicht d'Argenson in dem wichtigen
Punkte von ihm ab, daß er, ähnlich wie die späteren Physio=
kraten, annimmt, die Welt sei von der Vorsehung so ge=
ordnet, daß sich dieser Fortschritt schon von selber vollziehe,

---

[1]) *Mémoires et Journal inédit du Marquis d'Argenson*, Ministre
des affaires étrangères sous Louis XV, publiés et annotés par M. le
Marquis d'Argenson, Paris 1858, t. V. p. 300. Eine ältere, viel unvoll=
ständigere Ausgabe ist vom Jahr 1825 in der Collection Baudouin des
Mémoires sur la Révolution française erschienen.

[2]) Mém., t. V., p. 307.

wenn jedermann nur auf eigene Hand sich bethätige und nicht von der Centralgewalt gehindert werde.

Liberté! Kein Wort wiederholt sich häufiger bei ihm. „Freiheit für die Gemeinden, Freiheit für den Einzelnen!" Dazu gesellt sich die Forderung der «égalité entre citoyens» d. i. Gleichheit der Person und möglichste Gleichheit des Vermögens. „Obgleich ich," sagt er, „der Erstgeborene meines Hauses bin, würde ich, wenn ich unsere Gesetze zu reformiren hätte, das Erstgeburtsrecht fast vollständig abschaffen. Mein Grundsatz ist, so viel als möglich Vermögensgleichheit unter den Unterthanen herstellen."[1] Und damit auch die fraternité, wenigstens dem Sinne nach, nicht fehle, tritt er, zumal in der Handelspolitik, für die Gleichberechtigung, ja theilweise sogar für eine Begünstigung der Fremden vor den Einheimischen ein, indem man im internationalen Verkehr stets das Interesse des Käufers, also in Frankreich das des Ausländers zu befördern habe.

Alles Unheil, dies ist der beherrschende Gedanke, komme von der Sucht des monarchischen Staates her, zu viel regieren zu wollen. Gerade das Gegentheil des Beabsichtigten werde dadurch erzeugt. Darum will er einer früher verfaßten Abhandlung über politische und administrative Fragen einmal den Titel gegeben haben:

«Pour gouverner mieux, il faudrait gouverner moins.»[2]

Und hier stehen wir an der Geburtsstätte jener Formel, welcher wir bereits als der stetigen Begleiterin des laissez faire, laissez passer begegnet sind, der Maxime pas trop gouverner! In der letzteren Form kommt sie bei d'Argenson nirgends vor; in der ersteren wiederholt sie sich in den Memoiren an verschiedenen Orten und wird stets als festes Schlagwort gebraucht. Die Folgezeit hat also eine Abkürzung beliebt, die dem Urheber noch fremd war.

---

[1] Mém., t. V, p. 309.
[2] t. V., p. 362.

Der Zuvielregiererei des Staates, so wird weiter aus=
geführt, stehe die Aemtersucht des Volkes zur Seite. Jeder=
mann wolle auf Kosten des Gemeinwesens leben. Das werde
nicht eher besser werden, als bis durch einen erleuchteten
Staatsmann alle dauernden Amtsstellen abgeschafft und das
Wort Amt (emploi) überhaupt aus der französischen Sprache
ausgemerzt worden sei.¹) Alle öffentlichen Funktionen müßten
dem Staate abgenommen und den kleinen Gemeinderepubliken
übertragen werden, welche dieselben dann durch auf kurze
Zeit gewählte Agenten besorgen zu lassen hätten. Man
könne es an den bestehenden republikanischen Staatswesen im
Unterschiede zu den Monarchien sehen, daß dort alle Verhält=
nisse in schönster Blüthe ständen. Denn nicht nur die poli=
tische Freiheit gedeihe in den Republiken, sondern auch und
eben dadurch der Wohlstand.

Und hier treten wir zu den speziell ökonomischen An=
schauungen des Autors über, die zumal in der Abhandlung:
Pensées sur la Réformation de l'État des fünften Bandes der
Memoiren ²) zum Ausdrucke gelangen und den gleichen Radi=
kalismus wiederspiegeln wie die politischen Darlegungen.

«La liberté est la mère de tous les biens, quand elle
est alliée à la justice», so ruft ³) d'Argenson aus. Man
muß jeder Gemeinde die Wahl der Manufakturen überlassen,
welche sie für sich am passendsten erachtet. Die staatliche Für=
sorge, welche namentlich den Städten zu Gute gekommen ist,
hat es dahin gebracht, daß das platte Land entvölkert, die
Städte übervölkert sind, und die Gewerbsarten des noth=
wendigen Bedürfnisses durch solche des Luxus verdrängt wur=
den. ⁴) Frankreich, welches früher einer Frau mit regelmäßiger
Leibesfülle glich, weist jetzt das Bild einer Spinne auf, dicken
Kopf und lange, magere Arme. Alles Fett, aller Stoff wird

---

¹) t. V, p. 296.
²) Ausg. 1858.
³) p. 359.
⁴) p. 386.

nach Paris getragen auf Kosten der ausgesogenen und ver=
armten Provinzen.¹)

«On gâte tout en s'en mêlant trop»²). Darunter haben
selbst die begünstigten Industriezweige gelitten, welche von
ihren natürlichen Standorten abgedrängt wurden. «On en peut
dire autant de nos fabriques: la vraie cause de leur déclin,
c'est la protection outrée qu'on leur accorde».³) Dem gleichen
Umstande schreibt er auch die Hungersnöthe zu;⁴) denn wenn
man den Lebensmittelhandel frei lasse, so werde der Eigen=
nutz der Kaufleute schon dafür sorgen, daß der Markt hin=
reichend mit Korn versehen sei, und das jedenfalls auf
bessere Weise, als es die ausgezeichnetste Regierungskunst zu
thun vermöge. Die Privatthätigkeit besorge Alles am besten
auch für das Gemeinwohl. «Que chacun travaille en droit
soi, qu'il s'enrichisse par les voies permises, c'est le plus
grand bien qu'il puisse faire à son prochain.»

Laissez faire, *telle devrait être la devise de toute puis-
sance publique, depuis que le monde est civilisé.*⁵)

Da haben wir also unser Schlagwort gefunden, zum ersten
Mal als theoretisches Prinzip aufgestellt und sofort als De=
vise formulirt. Es geschieht von demselben Verfasser, auf den
sich die Maxime pas trop gouverner zurückführt, und ist der
Ausfluß einer Gedankenfolge, welche den Lehren unseres Man=
chesterthums wie ein Haar dem andern gleicht.

„Die Menschen — so fährt d'Argenson fort — haben den
Zustand der Barbarei längst verlassen; sie verstehen sich wohl
auf die Künste; sie haben gute Gesetze, Muster und Verfahr=
ungsweisen zur erfolgreichen Führung ihres Lebens. Laissez-
les faire, und ihr werdet sehen, daß dort, wo man diesem
Grundsatze am meisten folgt, zumal in den Republiken, Alles

---

¹) p. 324.
²) p. 362.
³) p. 361.
⁴) p. 361.
⁵) p. 364.

emporblüht. Den gleichen Zustand findet man in jenen Provinzen Frankreichs, welche Selbstverwaltung haben. Alles, was der staatlichen Autorität entrinnt und die Thätigkeit der Einwohner befreit, das nimmt seinen Aufschwung und treibt Früchte. Anders in den Monarchien und in höherem Maße, je absoluter sie sind. Da zeitigt die öffentliche Gewalt bloß Umsturz, Verfall, Entvölkerung, Zerstörung. Alles reißt sie an sich, folgt nur ihren Leidenschaften, tyrannisirt das Volk auf's Aeußerste" u. s. w., u. s. w.

« Laissez libre, tout ira bien ».[1]) Wenn das richtig ist, so bedarf es naturgemäß keiner leitenden Centralbehörde für die Volkswirthschaft, keines Conseil de Commerce. Anders wie bei Vauban, welcher für diese Einrichtung eintritt, wird sie von d'Argenson nachdrücklichst bekämpft. Anläßlich einer Besprechung des zu Anfang des Jahres 1754 unter großem Aufsehen erschienenen Buches Essai sur la police générale des grains et sur l'agriculture (par Herbert) gibt der Verfasser der Memoiren[2]) folgende Auseinandersetzung:

« Il est vrai que c'est la seule et entière liberté qui peut bien régir le commerce, l'agriculture et les mœurs. C'est sur quoi je travaille moi-même depuis dix-huit ans, ayant une fois remarqué que:

« *Pour mieux gouverner, il faudrait gouverner moins.*

« J'ai fait un traité qui a ce titre, et de façon que je crois l'avoir bien rempli. Je blâme les louanges que l'auteur donne à notre *conseil de commerce*, et la proposition d'établir une *commission d'agriculture*. Ce sont là des restes du vieil homme, et des idées de tyrannie gênante.

« Eh morbleu, *laissez faire!* »

In vorstehenden Worten ist im Grunde das ganze Programm d'Argenson's zusammengefaßt. Wir haben darin beide gleichlaufenden Devisen vereinigt und zugleich den Hin-

---

[1]) p. 136.
[2]) p. 134.

weis auf eine längere schon achtzehn Jahre andauernde Beschäftigung mit dem Gedanken sowie auf eine Durchführung desselben in einer eigenen Abhandlung, welche letztere wir in den Memoiren leider vergeblich suchen.

Beziehen sich die beiden mitgetheilten Stellen in erster Linie auf den inneren Wirthschaftsverkehr eines Landes, so überträgt d'Argenson genau dieselben Prinzipien auf den Handel mit dem Ausland. Die dem Merkantilsysteme eigenthümliche Unterscheidung von aktivem und passivem Handel, wovon der eine vortheilhaft, der andere schädlich sei, findet sich bei ihm nicht. Er kennt nur einen einzigen Handel, der stets vortheilhaft für beide Theile ist.

Hätte doch die Regierung niemals, so ruft er aus, über diesen Gegenstand nachgedacht, dann wäre sie auch nicht auf das falsche Princip gekommen, sich in diese Dinge einmischen zu müssen. Daran ist die „pestilenzialische Entdeckung der Neuen Welt" schuld, welche das „Delirium des auswärtigen Handels" allen Regierungen eingeflößt hat. So haben die Staatsmänner in gleich schädlicher Weise „sich das Gehirn ausgehöhlt und dem Volke das Grab." Man ist auf solche Weise in den kostspieligen Besitz von Kolonien gekommen, welche d'Argenson „um eine Stecknadel vertauschen würde, wenn er König von Frankreich wäre". Das Beste würde noch heute sein, selbständige Republiken unter dem Schutze des Mutterlandes daraus zu machen, mit denen man dann auf gleicher Basis vortheilhaften Handelsverkehr treiben könnte. Ja, in einer aus dem Jahre 1733 datirten Notiz thut er die merkwürdige Prophezeiung über die englischen Kolonien in Nordamerika: « Je dis qu'un beau matin vous verrez ces dominations se séparer de l'Angleterre, se soulever et s'ériger en république indépendante, comme fit la Hollande à l'égard de l'Espagne ». [1])

---

[1]) p. 386.

Mit besonderem Eifer wendet sich d'Argenson gegen die Maxime, daß man das Geld nicht außer Landes gehen lassen dürfe. Diese Maxime hat, seinen Worten nach, am meisten in der Politik irregeführt. „Ich behaupte, daß von Allem, was außer Landes geht, die Ausfuhr von Gold und Silber am wenigsten gefährlich ist. Ich würde sie bei weitem der Ausfuhr unserer Erzeugnisse, unserer Kräfte, unserer Rohstoffe und namentlich unserer Einwohner vorziehen, welche den Staat durch ihren Aufenthalt, ihre Arbeit und ihre Fortpflanzung bereichern, ferner der Ausfuhr des Holzes, die auf Kosten unserer Marine geht" u. s. w." [1])

In gleicher Weise bekämpft er das übliche Verlangen, man müsse seine Rohmaterialien selber verarbeiten und die Waare auch selber verschiffen oder sonst vertreiben. d'Argenson antwortet hierauf [2]) mit folgender Auseinandersetzung:

«Laissez faire — lasset die Fremden kommen, euch eure Produkte abzukaufen, und ihr werdet handeln wie gute Kaufleute. Die Kunden werden dann gehäuft kommen, einer durch den andern angezogen, und für jede Waare werden sie den angemessenen Preis bezahlen; sie werden eure Fabriken vermehren durch den Reiz des Absatzes. Wozu wollt ihr dieselben beneiden um das, was sie im auswärtigen Handel verdienen, als z. B. um die Maklerei, um das Geschäft des Kaufes und Wiederverkaufes im Ausland, um den Fruchthandel? Ueberlasset das den kleinen Republiken, es sind Geschäfte armer, kleiner Leute; aber wir, die wir in einem reichen, blühenden Lande wohnen, bleiben besser zu Hause. Nicht als ob ich sagen wollte, der auswärtige Handel solle für uns ganz abgeschafft werden. Wenn es Bürger bei uns gibt, die Geschmack daran finden — laissez-les faire. Am besten widmet man sich solchen Geschäften erst, wenn alle übrigen Zweige zur Vervollkommnung gelangt und ausgebreitet sind; aber an=

---

[1]) p. 367.
[2]) p. 370.

treiben und darüber flügeln soll man nicht." Daher der Aus=
ruf: « Laissez les étrangers venir chercher nos marchandises; laissez-les jouir du métier de crocheteurs, de voitu-
riers, de fiacres. Que craignez-vous? Un marchand ne
viendra pas seul. Ainsi ils mettent au rabais, et vous vendez
à juste prix ».[1]

Es versteht sich danach von selbst, daß d'Argenson ein
abgesagter Feind aller Douanen und Prohibitionen ist. Die=
selben erscheinen ihm als die vornehmste Ursache der Kriege
und des Verfalles der Staaten. Die Waaren sollen „frei wie
die Luft" über die Grenze passiren dürfen und die Steuer=
ausfälle durch Konsumtionssteuern ersetzt werden.[2] Aller=
dings bedarf auch das Wirthschaftsleben in allen Zweigen
gewisser obrigkeitlichen Vorschriften, um seine Ordnung zu
behalten. Allein, entsprechend seinem politischen Systeme, meint
d'Argenson, diese Anordnungen gingen am besten von den
kleinen Gemeinderepubliken aus, welche sie von ihren Lokal=
beauftragten (officiers municipaux) ausüben ließen, der Cen=
tralstaat habe hier keine Aufgabe.

Bei solcher Organisation sei auch dem Uebelstande vor=
gebeugt, daß der kleine Produzent durch zu starke staatliche
Begünstigung der großen Unternehmungen erdrückt werde.
Nichts sei für den allgemeinen Wohlstand wie für die Moral
schädlicher als eine Volkswirthschaft, welche nur den Groß=
betrieb kenne. «Tout grand commerce se réduit à l'usure».[3]
Das ist nicht nur ein wirthschaftliches sondern auch ein
moralisches Uebel. Ist der Wucher doch schon im Evan=
gelium verboten worden. Mit Aristides, auf den er sich be=
zieht, liebt er «Cette médiocrité qui seule rend heureuse».[4]
d'Argenson will einmal eine Abhandlung gegen den über=
seeischen Großhandel geschrieben haben. Dieser sei stets auf

---

[1] p. 367.
[2] p. 10.
[3] p. 182.
[4] p. 269.

Kosten der freien Produktion von den Staatsregierungen gepflegt worden in dem eiteln Wahne, daß darin der Reichthum eines Landes sich verkörpere, während es doch richtiger sei zu sagen, der Wohlstand bestehe „in einem guten allgemeinen Ackerbau, in den Gewerben derjenigen Einwohner, welche jenem nicht obliegen können, und einem gesunden inneren H a n d e l". Dadurch, daß die unglück= liche Hand des Staates eingegriffen habe, sei jenes System des Neides und der Handelseifersucht über die Völker gekom= men, welches zum Schaden Aller ausschlage, indem jeder Theil auf Kosten des Andern gewinnen wolle. Aber so seien die Menschen einmal, daß sie den zum Schaden Anderer er= worbenen Gewinn dem rechtmäßigen, wo Alle gewinnen, vor= zögen.[1])

« Détestable principe que celui de ne vouloir notre grandeur que par l'abaissement de nos voisins! Il n'y a que la méchanceté et la malignité du cœur de satisfaites dans ce principe, et l'intérêt y est opposé.
Laissez faire, morbleu! laissez faire!![2])
Man sieht, nicht wohl nachdrücklicher kann unsere Formel gehandhabt werden, als es von d'Argenson geschieht. Das Merkwürdige dabei ist, daß dessen Ausführungen bisher für die Geschichte der Nationalökonomie völlig verloren waren. Keine historische Darstellung dieser Wissenschaft berichtet da= rüber und das französische Dictionnaire de l'Économie politique par Coquelin et Guillaumin [3]) kennt nicht einmal den Namen d'Argenson.

Bis zu einem gewissen Grade ist dies erklärlich. Zur Zeit ihres Entstehens waren die Memoiren gemäß den Zu= ständen der damaligen Zeit, wo man den Censor zu fürchten hatte, nur handschriftlich, in dieser Form aber, wie es scheint, ziemlich ausgedehnt verbreitet, da ihr Durchschwitzen an ver=

---

[1]) p. 363.
[2]) p. 372.
[3]) 1854 und 1873.

schiedenen Orten wahrnehmbar ist. Gedruckt wurden sie, und zwar sehr gekürzt, erstmals nicht vor dem Jahre 1825 in Einem Band, nachher noch einmal im Jahre 1857 im Umfange von fünf Bänden. Erst in der letzteren Ausgabe sind die ökonomischen Aphorismen enthalten.

Was nun unsere Formel im Speziellen betrifft, so finden wir in den angezogenen Schriftwerken keine Rückbeziehung des Denkspruches auf die Zeit Colbert's. Während übrigens d'Argenson an einer schon vorgeführten Stelle sich ausdrücklich zur Urheberschaft der Maxime pour gouverner mieux, il faudrait gouverner moins bekennt, gebraucht er die Formel laissez faire in einer Weise, daß man merkt, er habe sie von Außen aufgegriffen. Für unsere Untersuchung hat es Werth, zu fragen, wann das Laissez faire frühestens von d'Argenson niedergeschrieben worden sein möge.

Blos Andeutungen finden wir darüber in den Memoiren. Diese letzteren bestehen in der Hauptsache aus gelegentlich hingeworfenen Aphorismen ohne Datum, doch hat der Herausgeber — ebenfalls ein Marquis d'Argenson — so weit ihm möglich war, die chronologische Aufeinanderfolge festzustellen gesucht. Die häufigsten Anführungen der Formel zeigen sich in der Aphorismenfolge: Pensées sur la réformation de l'État (B. V), deren zeitlichen Anfang der Herausgeber in das Jahr 1735 verlegt. Danach fällt die erste Niederschrift wahrscheinlich schon etwa auf diesen Zeitpunkt, und indirekt wird dies bestätigt durch die vorhin angerufene, das Herbert'sche Buch betreffende Stelle, wo d'Argenson mittheilt, er arbeite schon seit achtzehn Jahren über diesen Gegenstand. Da das Herbert'sche Buch um 1754 erschien, so kommen wir, achtzehn Jahre rückwärts gerechnet, beiläufig (1736) auf jenen Zeitpunkt. Jedenfalls dürfen wir die Bekanntschaft des Marquis mit unserem Schlagworte schon ziemlich weit in das achtzehnte Jahrhundert zurückverlegen und vor Allem lange vor jenen Zeitpunkt (1751), wo Gournay sein Amt antrat und beginnen konnte, für seine Ideen zu wirken.

Noch eine anderweitige literarische Kundgebung aus jener Zeit fesselt unser Interesse.

Die Mitte des achtzehnten Jahrhunderts kennzeichnet sich bekanntlich durch einen gewaltigen Aufschwung des geistigen Lebens in Frankreich. Was früher nur in einzelnen Köpfen oder engeren Gesellschaftskreisen gelebt hatte, das tritt nun auf den öffentlichen Markt hinaus, und neben den theologischen und metaphysischen Problemen sind es jetzt auch die praktischen Fragen des politischen und ökonomischen Lebens, welche die Aufmerksamkeit auf sich ziehen. In dieser Hinsicht gab das im Jahre 1748 erschienene Werk Montesquieu's L'Esprit des Lois den Hauptanstoß. Schon das darauf folgende Jahr brachte die erste politische Abhandlung Rousseau's über die Preisfrage der Akademie zu Dijon, ob der Fortschritt der Künste und Wissenschaften zum wahren Heile der Menschheit beigetragen habe. Und zu Anfang 1751 kam der erste Band der großen Encyclopädie von d'Alembert und Diderot heraus, welche dem großen Publikum Belehrung bot, nicht blos über die erlaubten Disciplinen der Naturkunde und Technik, sondern auch über die bisher nicht erlaubten oder doch nur mit großer Vorsicht zugelassenen Theorien von der besten Staatseinrichtung.

Man weiß, daß das physiokratische System aus der Encyclopädie hervorgegangen ist. Die ersten und grundlegenden Abhandlungen Fr. Quesnay's Fermiers und Grains erschienen zuerst in den Jahresbänden 1756 und 1757 derselben und „der Meister" würde noch mehrere haben folgen lassen, wenn das große Sammelwerk nicht durch sein Einlenken in das atheistische Fahrwasser Anstoß erregt und die gemäßigten Elemente von der ferneren Mitarbeiterschaft abgeschreckt hätte.

Wie nun die Encyclopädie in ihrem allmählichen Erscheinen gleichsam als eine Zeitschrift größten und umfassendsten Stils erscheint, so sproßten daneben eine Menge ähnlicher Unternehmungen auf, die sich die besondere Pflege einzelner Wissensabtheilungen vorsteckten. Zu diesen gehört das zu Anfang

1751 in's Leben getretene Journal Œconomique, ou Mémoires, Notes et Avis sur les Arts, l'Agriculture, le Commerce etc.¹) Es ist die erste der später gehäuft auftretenden ökonomischen Monatsschriften und wollte ein offener Sprechsaal sein, in welchem die volkswirthschaftlichen Fragen unparteiisch und von den verschiedensten Standpunkten aus besprochen würden.

Gleich im ersten Jahrgange sehen wir ein gewaltiges Aufeinanderprallen der alten protektionistischen und der mittlerweile aufgelebten freiheitlichen Ideen. Wie schon früher bemerkt, wurden die darauf bezüglichen Artikel in einer, allerdings herzlich schlechten Uebertragung²) dem deutschen Publikum im Jahre 1782, also drei Jahrzehnte später, vorgelegt, was für das große Aufsehen spricht, welches dieser Streit im ganzen damaligen Zeitalter gemacht hat. Ebenso fanden sie auch in der in englischer Sprache herausgekommenen Kollektion einer Auswahl von Artikeln des Journal Œconomique, ihrem wichtigeren Theile nach, Aufnahme.³)

Es ist dies meines Wissens der früheste öffentliche Waffengang, welchen die beiden Standpunkte mit einander ausgefochten haben. Derselbe ist um so merkwürdiger, als das physiokratische System damals noch nicht" geboren und auch keiner der späteren Anhänger dieser Lehre daran betheiligt war.

Anlaß zu dem Streite gab die lobende Besprechung⁴) der gerade herausgekommenen Schrift des römischen Banquiers Belloni Dissertatione del commercio. Das Buch⁵) ist

---

¹) Redaktion le Camus.
²) S. oben p. 13 Anm. 1).
³) Ibid. Anm. 2).
⁴) 1750, in der Märznummer des Journals.
⁵) Es erschien zugleich in italienischer und lateinischer Sprache (Marchionis Hieronymi Belloni De Commercio Dissertatio, Romæ MDCCL. Ex Typographia Palladis) und ist dem Papste Benedict XIV. gewidmet. Eine deutsche Uebersetzung von Gottlieb Schumann aus dem Jahre 1752 trägt den Titel: Des Marchese Belloni Abhandlung vom Commercien- und Münzwesen. Frankfurt und Leipzig.

eine ebenso bündige als geistvolle Wiedergabe der Ideen des Merkantilsystems und gipfelt in der Anschauung, daß es für das Gedeihen eines Landes darauf ankomme: 1) durch ange= messene Lenkung des auswärtigen Handels möglichst viel Gold und Silber in das Land hereinzuschaffen, also die Handels= bilanz günstig zu gestalten; 2) im Inlande ein angemessenes Werthverhältniß zwischen beiden Metallen obrigkeitlich fest= zustellen, also ein passendes System des Bimetallismus durch= zuführen. Beide Aufgaben sollen durch einen dafür eingesetzten Volkswirthschaftsrath herbeigeführt werden.

Der Kampf, der sich im Journal (Economique erhebt, erstreckt sich nicht auf die Frage des Bimetallismus, er faßt bloß die Grundsätze der Handelspolitik im engeren Sinne in's Auge. Hier hatte Belloni zwar zugegeben, daß Ausfuhr= verbote des Geldes kein hinlängliches Mittel seien, die edeln Metalle an das Land zu fesseln, allein eben darum müsse um so größeres Gewicht auf Gestaltung einer günstigen Handels= bilanz gelegt werden. Um nun dieses Ziel zu erreichen, schlägt er vor, den Handel der Inländer, diese „feste Grundsäule, auf welcher großer Staaten Glück beruht", möglichst zu för= dern, und zwar auf dem Wege der Unterbindung des fremden Importhandels einerseits, der Aufhebung der Ausfuhrzölle für die einheimischen Geschäftsleute und sogar der Unter= stützung der letzteren durch Geldvorschüsse, Prämien u. dgl. andererseits.

In diesem Sinne sagt er u. A.: „Ich würde in einem Lande, welches ich zum Muster einer guten Volkswirthschaft erheben und dessen Volksglieder ich fleißig und geschickt machen wollte, die auswärtigen Manufakturartikel, zumal diejenigen, welche nicht dringend nöthig sind, gänzlich verbieten."[1]) Aller= dings, fügt er hinzu, gebe es Umstände, in welchen die Noth wenigstens zeitweise die Zulassung solcher Waaren erheischen könne, weil es an der nöthigen Produktion im Lande selbst

---

[1]) Appendix § 24.

fehle. Aber auch in solchem Falle schlage er immerhin vor, zur Ermunterung des einheimischen Unternehmungsgeistes so lange blos hohe Zölle auf die Einfuhr zu setzen, bis vermöge der mittlerweile herangewachsenen inneren Produktion das Einfuhrverbot möglich werde, von dem er voraussetzt, daß es dann vom Volke selbst verlangt werden würde. Sonach spitzt sich die Theorie Belloni's in den Satz zusammen, den er seinen Auseinandersetzungen an die Spitze stellt: Beförderung des Geld in das Land bringenden Aktivhandels und möglichste Vermeidung des Geld hinaustragenden Passivhandels.[1])

Schon im unmittelbar darauf folgenden (April-) Hefte des Journal Œconomique erhebt sich dagegen eine anonyme Feder, welche in der Form einer Lettre à l'Auteur sowohl gegen die billigende Recension, als gegen die in dem Buche selbst zu Tage tretenden Anschauungen zu Felde zieht.

„Sollte man — so hebt der Briefschreiber nach einigen Höflichkeitsworten an — nicht vor allem Uebrigen einmal prüfen, ob es überhaupt gut sei, die volkswirthschaftlichen Zustände einer so peinlichen, fürsorgenden Verwaltung zu unterstellen, wie sie von Belloni empfohlen und von der gegenwärtigen Staatspraxis geübt wird; oder ob es nicht etwa besser wäre, sie auf der Grundlage des gewöhnlichen Schutzes sich selbst zu überlassen (de les laisser aller d'elles-mêmes)? Wie viele Werke, im Allgemeinen wie im Einzelnen, entstehen und vervollkommnen sich doch durch die Freiheit! Jedermann arbeitet für sich selbst. Ehre und Gewinn leiten jeden Menschen zwar im Einzelnen, allein es entsteht daraus ein gemeinsames großes Ganzes (un grand tout) wie es aus einer staatlichen Leitung nun und nimmer hervorgehen kann."

Hier begegnen wir also im Keime wieder dem Prinzip der Interessenharmonie bei freiwaltendem Verkehre in der Volkswirthschaft.

---

[1]) Chap. I.

Anders dort, so wird weiter ausgeführt, wo man dem Verstande der Regierungen die Leitung der Volkswirthschaft überträgt. Da werden die Privatpersonen bald durch unbillig auferlegte Strafen von der gewerblichen Arbeit abgeschreckt, bald durch übel zugesprochene Belohnungen von den Bahnen des Wetteifers abgelenkt und in diejenigen der Ränke hineingedrängt werden. Wo die Sachen zur Zeit in Frankreich noch leidlich stünden, da komme dies blos davon her, daß sie den Einflüssen der Autorität sich zu entziehen gewußt hätten.

Es folgt nun ein Hinweis auf die wirthschaftliche Blüthe der republikanischen Staaten, was davon herkomme «que les républiques ont une âme toujours saine, toujours active, qui est *la liberté*.» Nichts weiter brauchten Handel und Gewerbe, als daß man ihnen die Hindernisse aus dem Wege räume (le retranchement des obstacles est tout ce qu'il faut au commerce). Sobald das Schlechte beseitigt sei, wachse das Gute von selbst empor. Von Seite des Staates bedürfe es einzig und allein „guter Richter, Unterdrückung der Monopolien, eines für alle Einwohner gleichen Schutzes, unveränderlicher Münzen, Wege und Canäle; par-delà ces articles les autres soins sont vicieux."

Namentlich zieht der Verfasser gegen die Idee des Conseil de Commerce los. Dieser letztere erhalte seine Wahrnehmungen immer nur durch die egoistische Brille weniger Delegirten des Großhandels, welche in erster Linie ihr eigenes Interesse oder das ihrer Landschaft im Auge hätten, wobei naturgemäß die schädliche Tendenz, das Große zu befördern und das Kleine zu erdrücken, die Oberhand gewinne. Und nun folgt eine Bemerkung, welche uns im besonderen angeht.

„Man erzählt — fährt der Briefschreiber fort — daß Colbert einst eine Anzahl Handelsabgeordneter um sich versammelte, um sie zu befragen, was er für den Handel thun könne. Der Vernünftigste und am wenigsten schmeichlerisch Gesinnte antwortete ihm mit dem einzigen Wort (par le seul mot): *Laissez-nous faire*. Hat man jemals dem großen Sinne dieses Wortes nachgedacht? Im Folgenden will ich den Versuch einer Erläuterung desselben machen."

Wir kennen diesen Bericht, er hat uns in der Untersuchung über den ersten Ursprung des Schlagwortes als solchen geleitet. Hier interessirt er uns besonders dadurch, daß wir die Maxime nicht blos aphoristisch angewendet finden, wie in den Denkwürdigkeiten d'Argenson's, sondern sie zum Ausgangspunkte einer theoretisch-volkswirthschaftlichen Ideenfolgerung gemacht sehen.

Was enthält nun die von dem Verfasser unternommene Erläuterung jenes großen Wortes?

Zunächst was die Gestaltung des inneren Volkswirthschaftslebens anlangt, singt der Schreiber wieder das Lob der Republiken. Diese seien beinahe ohne Gesetze und ohne Zwang mit ihrem Handel viel weiter gekommen als die Monarchieen unter der Leitung ihrer größten Minister. Der Instinkt der Biene richte mehr aus, als das Genie der größten Staatsmänner. Ganz von selbst vergrößere sich das Kapital und damit der Ackerbau, die Industrie und der Handel in den republikanischen Staaten. Der Briefschreiber huldigt im Uebrigen ganz dem von St. Pierre aufgestellten Prinzip von dem allmähligen Emporsteigen der menschlichen Kultur, aber im Sinne d'Argenson's.

„Es gibt gewisse Stufen, auf welchen man allmählich vom Einfachen zum Besseren, vom Besseren zum Vollkommenen fortschreitet; la multitude y va d'elle-même par la communication, l'exemple et l'émulation. Niemals verfehlt die Volksmenge diese Stufen, quand on la laisse faire. Aber wenn man ihr den Weg vorzeichnen, wenn man sie leiten will, verfällt man leicht auf den unglücklichen Irrthum, mit Vernachlässigung des Nothwendigen, dem Ueberflüssigen vor der Zeit nachzujagen. Wie viele Künste werden bewundert, wogegen die Geschenke der Natur vernachlässigt werden! Wie oft sieht man einerseits vergoldete Paläste und prächtige Statuen sich erheben, während andrerseits weite Felder unbebaut liegen, ganze Dörfer verlassen sind."

Alles das ist die Folge der an die Regierungspraktik gefesselten Wissenschaft des Handels. Der Verstand ist aber dem Menschen nicht gegeben worden, um über Andere zu herrschen, sondern um die Freiheit zu regeln. Auf dieser Grundlage besorgt die Privatthätigkeit alles am besten.

„Ein einzelner Mensch übersieht die Interessen seines Geschäftes viel klarer und leitet sie besser als zehn Mittheilhaber, deren Interessen immer getheilt und oft entgegengesetzt sind. Wenn er zu weit geht, wenn er übergreift, wenn er andere schädigt, so werden die Andern ihm Einhalt thun und ihn mit Hülfe der Rechtsgewalt in seine Schranken zurückweisen, voilà ce qui constitue l'équation, la police et la balance convenables au commerce. Die Gesetzgeber können nur sehr unklar in dieses Interessengewebe hineinschauen."

Jeder sei durch den Eigenvortheil darauf hingewiesen, das vollkommenste Fabrikat herzustellen. Die vielen Reglements, welche für die Manufakturen erlassen worden seien, dürften nur die Bedeutung von freien Anleitungen besitzen, ähnlich wie die Bücher, welche von den Künsten und Wissenschaften handeln. Gemäß dem verschiedenen Geschmacke und den Zahlungsmitteln des Käufers haben auch die Waaren von verschiedener Güte zu sein. Mißbrauch sei nicht zu fürchten: Unvollkommenheit und Betrug bringen den Fabrikanten in Mißkredit und dadurch zu Schaden; Fleiß und Rechtschaffenheit erwerben ihm einen guten Ruf und bereichern ihn. Sein Eigenvortheil treibt ihn von selbst dazu, den Weg zu wandeln, der auch für die Allgemeinheit der vortheilhafteste ist.

Den Außenhandel anlangend, wendet sich der Briefschreiber zunächst gegen den Besitz von Kolonien, welche letzteren nur auf Kosten des Mutterlandes bevölkert werden könnten und rückt dann mit besonderem Eifer der durch Belloni empfohlenen Zollpolitik zu Leibe. Die Zollbarrieren seien daran schuld, daß die Völker mitten im Frieden die Schäden des Krieges empfänden. Nicht die Rücksicht auf das Wohl des Handels als solchen, sondern der Eigennutz einiger Wenigen haben diese Eingriffe in das Recht der Menschen hervorgerufen. Sie sollen abgeschafft und der Steuerausfall für den Staat durch Konsumtionsauflagen gedeckt werden.

„Man lasse der großen Menge volle Freiheit, und sie wird sich schon von selbst der Mißbräuche enthalten; sie wird einsehen, daß der Verkehr von Waaren zwischen zwei Staaten ebenso frei sein müsse wie der Verkehr von Luft und Wasser (que le passage des marchandises d'un Etat à l'autre devrait être aussi libre que celui de l'air et de l'eau). Ganz Europa müßte nichts als ein allgemeiner und gemeinschaftlicher Markt sein (toute l'Europe ne devrait être qu'une foire générale et commune), auf welchem der Bewohner oder die Nation, welche das Bessere leistet, auch den größeren Vortheil erringt."

Die Entfernung und die Transportspesen würden schon allezeit dahin führen, daß man die Erzeugnisse des eigenen Landes jenen des Auslandes vorziehe. Ueber diese natürlichen Schranken hinaus habe man die fremde Produktion vor der einheimischen zu begünstigen, weil sonst das Handelsgewerbe der inländischen Kaufleute Schaden leiden würde. Leider stehe derartigen Reformen ein böser Hang entgegen, der dem durch Arglist und Ränke erworbenen, kleineren Gewinn dem größeren, welchen Menschlichkeit und Anständigkeit darböten, den Vorzug gebe.

Man wird zugestehen, daß hier in engem Rahmen schon fast der ganze Gedankengang enthalten ist, der in unseren Tagen unter dem Namen Manchesterthum begriffen wird, mit der Abweichung allerdings, daß, während zwar die modernen Anhänger der absoluten Freihandelslehre auch stets das Interesse des „kleinen Mannes" im Munde führen, dabei aber das Interesse der Großcapitalisten meinen, es dem Altmeister derselben mit dem Schutze der Kleinen gegenüber den Großen

Ernst gewesen zu sein scheint. Und auch noch ein weiterer, jedoch nicht auf den sachlichen Inhalt bezüglicher Unterschied ergibt sich zwischen dem damaligen und den jetzigen Vertretern der Lehre. Seit J. B. Say ist es üblich geworden, das absolute laissez faire et laissez passer als aus der tiefsten Kenntniß der ökonomischen Zustände und der darauf aufgebauten Wissenschaft abgezogen zu erklären. Wer kein Anhänger der Maxime war, dem wurde das als totale Unkenntniß der volkswirthschaftlichen Gesetze oder als mangelnde Geistesfähigkeit, in das schwierige Gebiet einzudringen, ausgelegt. Unser Anonymus verhält sich in dieser Hinsicht ganz anders. Nach ihm ist überhaupt alles Unheil auf diesem Gebiete daraus entstanden, daß man glaubte, es könne so etwas wie eine Volkswirthschaftslehre überhaupt geben. Das habe dann den Wahn hervorgerufen, diese Wissenschaft zu verstehen und sie im Leben anwenden zu müssen. „Der Handel ist die Wissenschaft einzelner Personen, aber die allgemeine Leitung des Handels kann keine Wissenschaft sein, denn sie ist unmöglich," so ruft er aus. Dazu würde sie auch schädlich sein. Denn wenn zwar das Brüten über metaphysischen Fragen, über Zusammenhang von Geist und Materie u. dgl. höchstens den Nachtheil des Zeitverlustes für die Grübler selbst mit sich führe, so könnten andererseits falsche Ansichten in der Volkswirthschaftspolitik zum Verderben und Unglück ganzer Völker ausschlagen.

„Um den Handel zu leiten, würde es nicht hinreichen, daß man die Interessen eines Volkes gegen das andere, einer Provinz gegen die andere, und einer Gemeinde gegen die andere kenne, man müßte auch Einsicht in die Handelsvortheile einer Privatperson gegen die andere, ja in die Eigenschaft und den Werth einer jeden Waare haben. Wer sich bei dem geringsten Artikel irrte, der könnte sich auch bei den übrigen täuschen. Die Folge davon wäre, daß der Betreffende schlecht regieren und schlechte Gesetze machen würde. Wer aber wird wohl auf eine so ausgebreitete und allgemeine Fähigkeit Anspruch machen? Non datur scientia!"

Alles das hätten nun die Staatsmänner vergessen und, indem sie ihrem Eigendünkel folgten, sei das ganze Wirthschaftsleben in Unordnung gebracht worden. Der Handel als solcher ist nichts als eine abstrakte Idee (le commerce n'est lui-même qu'une idée abstraite). Mehr darunter zu vermuthen, ist Götzendienst. Dieser Standpunkt drückt sich in gehobener Weise in dem Schlußworte aus:

„Es scheint, wir erfinden uns selbst neue Gottheiten, um sie anzubeten, wie die Griechen. Unsere Väter waren mit weniger Abgötterei, weniger Philosophie, aber mehr Weisheit, durch ihre Sparsamkeit und Arbeit viel reicher, als wir es durch unsere Wissenschaft vom Wechsel, vom Maklerwesen und von der Kurssteigerung sind. Vielleicht werden unsere Kindeskinder, durch Erfahrung gewitzigt, über die Krankheit lachen, welche heutzutage viele europäischen Staaten anwandelt, de vouloir rédiger en système les principes du commerce. Sie werden sie auf die gleiche Stufe stellen, welche wir heutzutage den Kreuzzügen einräumen und bald auch wohl der Thorheit eines politischen Gleichgewichts Europa's anweisen werden."

Damit endigt die Abhandlung.

Gewiß wird niemand in der Gegenwart die hier ausgesprochene Prophezeiung als zutreffend erklären wollen. Allein Eines ist doch sicher. Wenn es wahr ist, was unsere absoluten Freihändler noch heute erklären, daß in dem laissez faire, laissez passer die Moral der Volkswirthschaftslehre gipfelt, so ist eine Erforschung des vielgestaltigen, sich in ewigem Wechselspiele verändernden Wirthschaftslebens mindestens überflüssig, sie ist in der That sogar, wie unser Briefschreiber darthut, eher schädlich als nützlich, weil das Halbwissen leicht zu eigenmächtigen und irrthümlichen Handlungen antreibt, vor denen das vollkommene Nichtwissen schützt. Der Vorzug der Konsequenz ist also jedenfalls dem alten Freihändler zuzugestehen.

Die Frage entsteht nun, wer ist der Verfasser des Aufsatzes?

Daß derselbe kein Neuling sei, weder im Gegenstande, noch mit der Feder, erkennt man auf den ersten Blick. Schon die rasche Erwiderung (in der folgenden Nummer des Journals) deutet darauf hin, daß es ein lange angesammelter Ideenvorrath ist, der durch einen äußeren Anlaß gereizt, plötzlich hervorbricht. Keine der mehrfach folgenden Antworten, welche zunächst der Redakteur, dann auch verschiedene Einsender unternehmen, reicht entfernt an die Höhe des Briefes heran; wir brauchen deßhalb nicht auf sie einzugehen.

Nun finden wir drei Jahre später[1]) einen abermaligen, aber viel kürzeren Brief von demselben Verfasser, welcher die durch das Herbert'sche Buch Essai sur la liberté générale du commerce des grains wieder in Fluß gerathene Frage der Getreidehandelsfreiheit zum Gegenstande hat. Der Inhalt dieses Briefes faßt sich in den Satz zusammen: «Je n'ai qu'un système sur le commerce, c'est de *laisser faire* le public, et de ne point diriger le commerce.»

Auch dieser Brief ist nicht unterzeichnet. Der Absender gibt darin aber einige persönliche Mittheilungen. Ich bin derselbe — schreibt er — welcher Ihnen zweimal Entgegnungen auf jene durch das Werk Belloni's veranlaßten, den Zwang gegen den Handel vertheidigenden Abhandlungen eingesandt hat. Sie haben meine erste Denkschrift gelobt, aber damit eine Kritik meiner Antwort verbunden. Ich habe auf die letztere geantwortet, ohne daß Sie gewagt hätten, diese Erwiderung abzudrucken. Seitdem ist Ihnen von mir eine weitere Abhandlung eingeschickt worden über das Gute, welches die Grundherren auf ihren Landgütern thun könnten (sur le bien que les Seigneurs pourraient faire dans leurs terres). Dieselbe war gegründet auf die nämlichen Prinzipien einer heilsamen Freiheit; Sie haben sie abgeschwächt gebracht." u. s. w.

Wir erfahren also hier noch über eine dritte Abhandlung des Verfassers etwas, welche im Journal Œconomique,

---

[1]) Mainummer 1754.

wiewohl abgeschwächt, Aufnahme gefunden haben soll. For=
schen wir derselben nach, so begegnet uns in der That eine
solche schon wenige Monate nach obiger Denkschrift, nämlich
im Oktober 1751 unter dem Titel: Comment un Seigneur
de terre peut remédier aux inconvéniens de la taille arbi-
traire. Sie umfaßt acht Druckseiten und schlägt eine Reform
des ländlichen Abgabenwesens nach dem Muster der taille
tarifée des Abbé Saint=Pierre vor. Man kann derselben die
Kürzung wohl anmerken.

Sonach lernen wir den Urheber als eine Persönlichkeit
kennen, welche sich in den verschiedensten Abtheilungen der
Volkswirthschaft umgethan hat. Aber über den Namen wissen
wir noch immer nichts.

Es ist indessen dem Leser ohne Zweifel schon aufgefallen,
daß die Auseinandersetzungen des Anonymus, dem Inhalte,
ja häufig sogar dem Wortlaute nach übereinstimmen mit den
Lehren, die wir aus den Denkwürdigkeiten des Marquis
d'Argenson geschöpft haben. Und wenn wir, dieser Vermuthung
nachgehend, die Biographien desselben nachschlagen, so finden
wir zunächst in der biographischen Notice sur le Marquis
d'Argenson, welche der Herausgeber den Memoiren voraus=
schickt, die Bemerkung, daß der großen französischen Revolution
vielleicht hätte vorgebeugt werden können, wenn das aristo=
kratische Regiment bei Zeiten den Plan angenommen hätte,
welchen d'Argenson vorgezeichnet habe in einem Briefe, betitelt:
Sur le bien que les Seigneurs pourraient faire dans leurs
terres, insérée dans le Journal Œconomique, année 1752.
Sodann tritt uns in der Biographie universelle[1]) bei Auf=
zählung der Schriften des Marquis folgende Angabe ent=
gegen: „Man findet in der Sammlung des Journal Œconomique vom Jahre 1750 angefangen, Briefe des Marquis
d'Argenson, einen zu Gunsten der Freiheit des Getreide=
handels, einen anderen über die Erleichterung der willkürlichen

---

[1]) Art. Voyer d'Argenson.

Taille, endlich einen dritten sur le bien que les Seigneurs pourraient faire dans leurs terres.»

Man sieht, dies sind unsere drei Artikel. Denn wenn auch die Bezeichnung hier insofern ungenau ist, als der Aufsatz über die Taille und derjenige über das Wohl, welches die Grundherren auf ihren Landgütern thun könnten, zusammen= fallen, so ist doch klar, daß der Schreiber der Angabe den letzteren Aufsatz mit dem ersterschienenen verwechselt, der die Ueberschrift lettre à l'auteur trägt, und der ver= muthlich von den beiden Berichterstattern nicht eingesehen worden ist. Aller Wahrscheinlichkeit nach haben wir in dem vorhin skizzirten Aufsatze auch jene Abhandlung zu erkennen, von welcher d'Argenson in seinen Memorien[1]) sagt, daß er sie schon lange über die Nützlichkeit des Laissez faire-Prinzips niedergeschrieben habe, und die dort nicht zu finden ist.

Wir können also den Marquis d'Argenson im vollsten Sinne als denjenigen bezeichnen, der schon vor den Physiokraten die Devise laissez faire und zwar unter Rückbeziehung ihres Ursprunges auf die Zeit Colbert's in die Literatur eingeführt hat. Sie erscheint ihm als das Grundprinzip eines volks= wirthschaftlichen Systemes, für das er zwar die Eigenschaft einer wissenschaftlichen Theorie abweist, weil diese unmöglich sei; er bewegt sich dabei aber in so ernster und durchdachter Weise, daß man seinen Ausführungen den Charakter der Wissenschaftlichkeit nicht absprechen kann. Handelt es sich bei ihm doch nicht um ein geistreiches Aufblitzen einer sich ebenso bald wieder verflüchtigenden Idee, sondern um eine Ge= dankenfolge, die der Autor durch ein langes Leben behütet und in unzähligen Anläufen auszubilden gesucht hat.

Dieses System d'Argenson's hält sich frei von den un= mittelbar folgenden physiokratischen Schrullen und Einseitig= keiten.

---

[1]) S. oben S. 61.

Auch ihm gilt zwar der Ackerbau als die Grundlage der Produktion; allein, wie wir es bereits bei Vauban gefunden haben, erscheinen ihm die drei Faktoren: Ackerbau, Gewerbe und Handel, sofern sie innerhalb ihrer angemessenen Schranken bleiben, als gleichmäßig produktiv. Dieser Satz ist keineswegs etwas, was erst, wie es oft hingestellt wird, durch Adam Smith in die Welt gekommen ist. Er findet sich bei den meisten ökonomischen Schriftstellern des achtzehnten Jahrhunderts außerhalb der physiokratischen Sekte. Kurz die Lehre d'Argenson's ist in nuce unsere moderne Lehre vom unbedingten Freihandel.

Die Ursprungsgeschichte unserer Formel ist damit aber noch nicht abgeschlossen. Wir haben sie überhaupt erst in ihrer engeren Stammform als laissez faire kennen gelernt. Im Vollen lautet sie aber laissez faire et *laissez passer*.

Wann und wo tritt nun der Wahlspruch in seiner vollendeten Form auf, und welches sind die Umstände, welche mit dieser Vervollständigung zusammenhängen?

Laissez passer.

D'Argenson starb am 26. Januar 1757.

Im vorangegangenen Jahre hatte die erste jener literarischen Erscheinungen, welche dem nachmaligen physiokratischen oder Agricultur-Systeme zur Existenz verhalfen, das Licht der Welt erblickt. Es war der Artikel Fermiers des Leibarztes Ludwigs XV. und der Pompadour, François Quesnay, in der großen Encyclopädie von Diderot und d'Alembert. Im Todesjahre d'Argenson's erschien dann der zweite und bedeutendere Artikel Grains desselben Verfassers, worin schon die Keime für die meisten Postulate vorkommen, welche dann in dem gegen Ende 1758 entstandenen Tableau Œconomique dem «trésor de la science,» wie die Schule es nannte, zur vollen Reife gelangt sind.

D'Argenson trat also gerade in der Geburtsperiode des physiokratischen Systemes aus dem Leben und es ist aus seinen Memoiren nicht ersichtlich, daß er mit irgend einem der Stifter in persönlichem Verkehre gestanden habe.

Unter dem Verfasser einer der ersten Schriften des älteren Mirabeau Mémoires sur les Etats Provinciaux vermuthete er Montesquieu, was also von seiner Unbekanntschaft mit dem wirklichen Autor zeugt.

Gournay kannte er vom Hörensagen, wie sich aus einer Notiz in den Memoiren, datirt vom 17. April 1755 ergibt, wo es heißt: „Ich habe eine lange Unterhaltung mit dem Generalcontroleur der Finanzen, Herrn de Séchelles, gehabt. Ich bin erfreut über das System, daß ich ihn, seitdem er im Amte ist, habe ausüben sehen, nämlich dem Handel eine große Freiheit zu gewähren. Il se plait à entendre discourir sur cela le sieur de *Gournay*, intendant du commerce, qui pousse au plus loin cette idée, et l'applique merveilleusement. M. de Séchelles dit que Gournay va jusqu'à lui proposer de rompre toutes les jurandes, c'est-à-dire les communautés d'artistes et de marchands, de faire que les métiers soient ouverts, ce que j'approuve fort. »[1])

Daraus ist also zu entnehmen, daß wenigstens bis zum 17. April 1755 von einer persönlichen Bekanntschaft beider Männer nicht gesprochen werden kann. Anderthalb Jahre darauf starb aber schon der Marquis, und daß während dieses Zeitraumes ein Nähertreten nicht stattgefunden habe, darf man zunächst daraus schließen, daß nach den Angaben Turgot's der Handelsintendant Gournay während dieser Periode fast ununterbrochen auf Amtsreisen begriffen war; sodann und vornehmlich daraus, daß die Memoiren d'Argenson's, die doch sonst über jede nur einigermaßen merkwürdige Begegnung so redselig sind, hierüber gänzliches Schweigen beobachten. Dies würde nun in Betreff einer so wichtigen Bekanntschaft kaum erklärlich sein, wenn sie stattgefunden hätte.

Auch über persönliche Beziehungen zu Quesnay enthalten die Memoiren nichts; wie man desgleichen nichts in den biographischen Mittheilungen, die uns über den Letzteren zu Gebote stehen, darüber findet. Immerhin erkennt man aus vielfachen Andeutungen, daß den Physiokraten die Schriften d'Argenson's, welche nach der damaligen Uebung zwar nicht im Druck, so doch handschriftlich weit verbreitet waren, bekannt gewesen sein müssen. Wenigstens war ihnen dessen Schlagwort pour gouverner mieux, il faudrait gouverner moins, wiewohl nur in der abgekürzten Form pas trop gouverner, sehr geläufig. Stets haben sie ihn auch als einen ihrer Vorläufer bezeichnet.

Von den Physiokraten hat nun immer gegolten, unser Sinnspruch, und zwar in seiner Vervollständigung als laissez faire et laissez passer, sei als der Kraftauszug ihrer handels-

---

[1]) t. IV., p. 217.

politischen Lehren anzusehen; und das ist auch richtig. Der Satz ist, nebenbei gesagt, das Einzige, was die Nachwelt aus dem Schiffbruche des Systemes als dauernd werthvoll glaubte für sich retten zu sollen.

Bei solcher Bedeutung muß es Wunder nehmen, daß derselbe bei ihnen erst verhältnißmäßig spät auftritt, wenigstens in ihrer Literatur. Mündlich mag er schon früher im Gebrauche gewesen sein.

Die Schriften Quesnay's enthalten den Spruch nicht. Und doch würde derselbe in den dreißig (ursprünglich vierundzwanzig) Maximen, welche dem berühmten Tableau Œconomique beigefügt sind, einen legitimen Platz gehabt haben.

Nicht als ob nicht diese Maximen in der Hauptsache blos eine Umschreibung jener später von der Schule angenommenen Hauptmaxime darstellten. Allein die Formel selbst fehlt noch. Sie hätte an Stelle oder in Verbindung mit Maxime XXV, welche völlige Handelsfreiheit im Innern und nach Außen verlangt, stehen können.

Sie fehlt auch in den ältesten Hauptschriften der Schüler Quesnay's; wie wir ihr überhaupt selbst später nicht in den im engeren Sinne wissenschaftlichen Werken, sondern blos in jenen Veröffentlichungen begegnen, die einen mehr journalistischen Charakter tragen und für die Agitation bestimmt sind.

An ihrer Statt treffen wir vielmehr auf ein anderes Schlagwort, welches in unseren Tagen nur nebensächlich und gewöhnlich als Anhang zur jetzigen Hauptmaxime gebraucht zu werden pflegt, damals aber entschieden den Vorrang behauptete; es ist der Spruch le monde va de lui-même.

Auch dieser Satz findet sich wieder nicht bei dem Urheber des Systemes, der zwar im Gespräche keineswegs eine Abneigung gegen Kernsprüche hatte, sich jedoch in seinem schriftlichen Ausdrucke, im Gegensatze zu seinem ältesten Schüler und Apostel, dem Marquis Victor de Mirabeau, einer keuschen Einfachheit befleißigte.

Die Redeweise le monde va de lui-même begegnet uns zum erstenmal in dem 1763 erschienenen Buche Mirabeau's Philosophie Rurale ou Economie Générale et Politique de l'Agriculture.¹) Das dreibändige Werk stellt eine erweiterte Darlegung der schon ihm Jahre 1760 von ihm als Nachtrag zu seinem Werke Ami des Hommes²) gegebenen Erläuterung des Tableau Economique dar. Im dritten Bande, Seite 237, nachdem des längern auseinandergesetzt worden ist, daß es nicht nöthig sei, «d'avoir le scalpel à la main pour le (corps politique) maintenir en santé», heißt es: «*Le monde va de lui-même*; il mondo va da se, dit l'Italien, mot d'un grand sens.»

Wo Mirabeau diesen Satz im Italienischen aufgegriffen hat, giebt er nicht an und ist mir nicht gelungen festzustellen. Aus der ökonomischen Literatur scheint er ihn nicht zu haben, da eine Durchsicht der großen Custodi'schen Sammlung italienischer Nationalökonomen³) zu keinem Ergebniß geführt hat. Wahrscheinlich entnahm er denselben der schönwissenschaftlichen Literatur Italiens, mit der sich der Marquis zu Anfang seiner schriftstellerischen Laufbahn viel abgegeben hatte, um seinen Stil zu bilden.

Wenn auch nicht die Erfindung, so doch jedenfalls die erste Einführung dieses nachher viel angewandten Wahrspruches in die ökonomische Wissenschaft, darf man somit dem älteren Mirabeau zuschreiben. Anders wie bei der Formel Laissez faire et laissez passer begegnen wir diesem Sinnspruche gerade in den bedeutenderen Werken der Schule, so namentlich in dem berühmten L'ordre naturel et essentiel des sociétés politiques, par Mercier de la Rivière⁴), das im Jahre 1767

---

¹) 3 vols., Amsterdam 1763.
²) L'Ami des Hommes ou Traité de la Population, augmenté d'une quatrième Partie et de Sommaires 1760. In erster Auflage 1756 (Avignon) erschienen.
³) P, Custodi, scrittori classici italiani di economia politica, Mailand 1803—1805.
⁴) 2 vols. London 1767.

erschien. Im zweiten Bande dieses Werkes finden wir nach längerer Begründung, daß bei freiem Gehenlassen das Privatinteresse niemals mit dem allgemeinen Nutzen in Widerspruch gerathen könne (Harmonie der Interessen), folgende Worte:

«*Le monde alors va de lui-même*; der Wunsch zu genießen und die Freiheit zu genießen rufen stets von Neuem die Vermehrung der Urproduktion und die Verstärkung des Gewerbefleißes hervor. Sie flößen jeder Gesellschaft eine Bewegung ein, die sie beständig auf den bestmöglichen Zustand hintreibt."[1])

Von da an trifft man den Spruch ziemlich häufig an, so auch in dem 1777 erschienenen und seiner Zeit sehr hochgeschätzten Système Social des Parlamentsherrn zu Orleans Le Trosne,[2]) wo es z. B. § XXVIII heißt:

„Im Uebrigen gilt das alte italienische Sprichwort: il mondo va da se, und die Welt geht auch nie besser, als wenn sie von sich selbst geht."

Keines der genannten Hauptwerke kennt die Formel laissez faire et laissez passer,[3]) obwohl anklingende Ausdrucksweisen sehr häufig sind.

Der Behälter, in welchem wir demselben zuerst und, meinen Forschungen nach, bei den Physiokraten auch ausschließlich begegnen, ist die im Jahre 1766 anfangs in gegne-

---

[1]) t. II. p. 444.

[2]) In deutscher Uebersetzung von Chr. Aug. Wichmann erschienen unter dem Titel: Des Herrn Le-Trosne Lehrbegriff der Staatsordnung oder Entwicklung des vom D. Franz Quesnay erfundenen physiokratischen Regierungs- und Staatswissenschaftssystems. Leipzig 1780. 2 Bde.

[3]) Wilhelm Roscher pflegt an mehrfachen Stellen seiner Bücher diese Formel als schon in dem Werke L'Ordre naturel von Mercier de la Rivière enthalten anzugeben, so z. B. im dritten Bande seiner „Nationalökonomie des Handels und Gewerbefleißes," Stuttgart 1881, wo es in der Anmerkung 2 zu § 137 heißt: „Die Ansicht der Physiokraten (... laissez aller et laissez passer; le monde va de lui-même: Mercier de la Rivière, Ordre naturel) hängt unmittelbar zusammen mit ihren tiefsten Grundbegriffen vom produit net und impôt unique.» u. s. w. Es findet sich aber bloß die zweitgenannte Formel dort vor; nicht das laissez aller et laissez passer.

rischem Sinne gegründete, nach der bald darauf erfolgten Bekehrung des Herausgebers Baudeau aber seit Januar 1767 zum Hauptorgane der Schule erhobenen Monatsschrift Ephémérides du Citoyen.¹) Dieselbe wurde vom Mai 1768 an, nachdem Baudeau einem Rufe nach Polen gefolgt war, von Dupont de Nemours redigirt.

Im Februarheft des Jahres 1768 treffen wir nun auf einen Aufsatz, betitelt: La Dépravation de l'Ordre légal; lettre de M. B. à M., und datirt vom 8. August 1767, der sich über die Freiheit des Getreidehandels u. A. folgendermaßen ausläßt: Lange habe der Irrthum auf diesem Gebiete Dunkelheit ausgebreitet gehabt, bis endlich das Morgenroth der Wahrheit angebrochen sei. Ein Mann, dessen Name nicht verloren gehen dürfe (Herbert), habe in seinem Essai sur la police des grains den ersten Stoß zur Durchbohrung des Irrthums gethan.

«Un autre, plus ardent encore, sut dans le sein du commerce où il avait été élévé, puiser ses vérités simples et naturelles, mais alors si étrangères, qu'il exprimait par ce seul axiome qu'il eût voulu voir gravé sur toutes les barrières quelconques

laissez faire et laissez passer.

Reçois, ô excellent Gournay, cet hommage dû à ton génie créateur et propice, à ton cœur droit et chaud, à ton âme honnête et courageuse.»

„Ich habe dich — so fährt der Schreiber fort — nur einen Augenblick gesehen; du bist auf meinen brüderlichen Ruf herbeigekommen; du verziehest die Unvollkommenheit meiner Anschauungen in Anbetracht der Aufrichtigkeit meiner Bestrebungen. Ermüdet von der unfruchtbaren Rolle, die Stimme in der Wüste zu sein, zogst du dich aus dem Sanktuarium dieses mit Kröpfen behafteten Volkes zurück, welches dich ent-

---

¹) Ephémérides du Citoyen ou Bibliothèque raisonnée des Sciences morales et politiques, Paris.

stellt fand, weil du keinen hattest. Wie würdig wärest du, die jetzigen Fortschritte des Lichtes zu schauen! Der Himmel und die Natur haben es anders gewollt; aber der Lorbeer, der sich über deiner Asche erhebt, wird wenigstens für alle Zukunft bezeugen, was du zu sein und wie du zu leben gewußt hast!" [1])

Man sieht, nicht wohl hochtrabender konnte die erste Vorstellung des nunmehr vervollständigten Wahlspruches stattfinden, als es hier geschieht. Man erhält bereits ein Vorgefühl von der Rolle, welche das Schlagwort in der Folge spielen sollte. Die Einführung geschieht auch gleich unter Bezugnahme auf jenen Mann, dem hinfort die Urheberschaft der ganzen Maxime gewöhnlich zugeschrieben worden ist, was, wie wir nun bestimmt wissen, irrig ist.

Von jetzt an treffen wir den Spruch in den Ephemeriden, und regelmäßig in seiner vollen Ausdehnung, mehrfach an. So gleich in der darauf folgenden Aprilnummer, im Avis au peuple:[2])

« *Laissez faire et laissez passer:* voilà, disait un citoyen zélé et un très habile homme, M. de Gournay, voilà toute la police du commerce quelconque, à plus forte raison du commerce du pain.» [3])

Ferner in der Julinummer des gleichen Jahres, wo wir sie bei Besprechung einer Broschüre über die Theuerung des Getreides [4]) in Gesellschaft der Maxime d'Argenson's wahrnehmen:

«Le marquis d'Argenson défunt avait composé un livre dont l'objet et le titre étaient excellents: *pas trop gouverner.* Quelqu'un qui serait pénétré de l'esprit qui brille dans ce titre avec la maxime de M. Gournay, *laissez faire et laissez passer* » etc. [5])

---

[1]) p. 67 f.
[2]) p. 180.
[3]) p. 180.
[4]) p. 156.
[5]) p. 156.

Im folgenden Jahre 1769 erscheint sie wieder im Avis au peuple des Maiheftes, wo für freien Brodverkauf und gegen die Privilegien der Bäckerzünfte angekämpft wird, in der gleichen Umrahmung wie in der Aprilnummer 1768:

«*Laissez faire et laissez passer*; voilà, disait un citoyen zélé et un très habile homme, M. de Gournay, voilà toute la police du commerce quelconque, à plus forte raison du commerce du pain.» [1])

Dann folgt eine Pause bis zum Januar 1772, wo sie in einer Lettre à M. le Comte *** en Suède, datirt vom 1. Mai 1771, wieder auftritt und diesmal in der Form des Infinitivs.

« En règlant tout, on arrête tout; en facilitant la libre circulation, on augmente tout. Voilà, Monsieur, des principes infaillibles pour le bonheur d'une nation; et la première règle de toute administration est de *laisser faire et de laisser passer.* [2])

Diese Stelle ist darum noch bemerkenswerth, daß sie die Parole ohne Rückbeziehung auf Gournay und als allgemeine Verwaltungsmaxime des physiokratischen Systems (première règle de toute administration), nicht blos als Handelsmaxime, wiedergibt.

Da die Ephemeriden in demselben Jahre (1772), wie es scheint, durch Entzug der früher gewährten Regierungssubvention durch den damals an's Ruder der Finanzverwaltung gelangten Abbé Terray, eingingen, so wird damit die unmittelbare Aufeinanderfolge unterbrochen.

Im Januar 1775 unter der Ministerschaft Turgot's tritt die Zeitschrift, die nunmehr den Titel Nouvelles Ephémérides trägt, abermals in's Leben, redigirt von dem zurückgekehrten Baudeau. Mit dem Sturze Turgot's ging sie dann (Juli 1776) zum zweiten Mal und für immer ein.

---

[1]) p. 191.
[2]) p. 191.

In der neuen Folge stoßen wir nun im dritten Heft auf die Formel in nachstehender Umrahmung:

« *Laissez faire et laissez passer*, voilà selon M. de Gournay, tout le code politique du commerce, et ce M. de Gournay n'était point un méchant homme.»[1])

Und weiterhin finden wir sie auch in dem Eloge wieder, welches der Graf d'Albon, Mitredakteur der Nouvelles Ephémérides den Manen des am 16. Dezember 1774, achtzig Jahre alt, verstorbenen Urhebers der Doktrin, Quesnay, gewidmet hat. Auch hier wird die Maxime auf Gournay bezogen und tritt diesmal in der Gestaltung auf: *laissez-les faire et laissez-les passer*.[2])

Neben den vorstehend mitgetheilten Stellen laufen dann unzählige verwandte Ausdrucksformen her, welche bald das laissez faire, bald das laissez passer mehr betonen. Als Wortformel jedoch sind die gegebenen Beispiele die einzigen, welche ich in den beiläufig achtzig Bänden der alten und neuen Ephemeriden sowie in der mir sonst zugänglichen physiokratischen Literatur habe finden können.

Man wird sich vielleicht über diese geringe Zahl wundern. Allein es liegt auf der Hand, daß das eigentliche Gebiet derartiger Schlagworte nicht die Literatur, sondern der mündliche Verkehr ist, wo es im unmittelbaren Auseinanderplatzen der Geister darauf ankommt, mit kurzem Ausdrucke dem Gegner eine ganze Ideenreihe entgegenzuwerfen.

Auch in unseren Tagen, wo die Formel doch in Aller Munde ist, erscheint sie auffallend selten in einem wissenschaftlichen Buche. Ihr Verkehrsfeld ist der mündliche Gedankenaustausch und allenfalls noch die Journalistik. Ja, man kann sogar sagen, daß im Vergleiche mit unserem Zeitalter der Sinnspruch im achtzehnten Jahrhundert sogar häufig in der eigentlich wissenschaftlichen Literatur auftritt.

---

[1]) p. 29 f.
[2]) t. V. p. 137.

Aus der vorhin gegebenen Ueberſicht ergibt ſich auf den erſten Blick, daß die ſämmtlichen ſpäteren Anführungen der Formel aus der zuerſt auftretenden Meldung vom 8. Auguſt 1767 geſchöpft haben. Dieſelben müſſen, da es ſich meiſtens um redaktionelle Aufſätze (avis au peuple) handelt, in der Hauptſache auf das Conto der Herren Dupont und Baudeau geſchrieben werden, was ſich auch aus andern Umſtänden, wie z. B. aus deren leicht kenntlichem Stil folgern läßt. Anders verhält es ſich mit der älteſten Angabe. Dieſelbe wird von einem Manne gemacht, der ſie bei einer Begegnung mit Gournay aus deſſen Munde ſelbſt gehört haben will; wenigſtens müſſen wir dies ſo auffaſſen, da der Verfaſſer ſchwerlich auf jene einmalige Zuſammenkunft hingewieſen haben würde, wenn er den Satz aus zweiter oder dritter Hand vernommen hätte.

Wer iſt nun der Urheber jener Notiz und welche Umſtände haben den betreffenden Vorfall im Hinblick auf die Bildung der phyſiokratiſchen Theorie begleitet?

In dem Avertissement der Septembernummer des Jahres 1769 der Ephemeriden wird neben anderen Aufklärungen über die Verfaſſerſchaft anonymer oder unter willkürlicher Chiffre erſchienenen Aufſätze der Marquis Victor de Mirabeau als der Verfaſſer jenes Briefes bezeichnet. Und dies beſtätigt ſich dadurch, daß wir dem Briefe in dem ſpäter erſchienenen Buche des Marquis Lettres sur la législation ou l'ordre légal dépravé, rétabli et perpétué par L. (ami) D. (es) H. (ommes)[1] wiederbegegnen. Man würde den Verfaſſer übrigens auch ſchon aus der ſchwülſtigen Schreibweiſe leicht haben herausfinden können.

Der Marquis de Mirabeau war in einer denkwürdigen Zuſammenkunft mit Quesnay am 29. Juli 1757 von dieſem für ſeine Ideen gewonnen worden. Er war der erſte Bekehrte und nannte ſich darum ſpäter mit Stolz den „älteſten Sohn

---

[1] Berne, société typographique 1775.

der Doktrin". Da Gournay nun nach der allgemein verbreiteten Ueberlieferung ebenfalls zu den ersten Anhängern und sogar Mitstiftern des Systemes zu rechnen ist, so kann gegen die Thatsache einer derartigen Zusammenkunft, wie sie Mirabeau meldet, nichts eingewendet werden. Im Gegentheil, wenn etwas dabei auffällt, so ist es der Umstand, daß er den Handelsintendanten nur ein einziges Mal und auch nur kurz gesehen haben will (je ne l'ai vu qu'un instant). Nun lebte der Marquis seit seiner Bekehrung in engster Wechselbeziehung zu seinem Meister, soweit die Verschiedenheit der Wohnorte (Paris und Versailles) es zuließ. Ist die Betheiligung Gournay's an der Herausbildung des Agriculturjystemes wirklich eine so bedeutungsvolle gewesen, wie die Ueberlieferung stets behauptet hat, so kann sich die Begegnung Mirabeau's mit ihm nicht auf ein einziges Mal beschränkt haben. Dieser Punkt ist nicht blos für die Gründungsgeschichte des physiokratischen Systemes, sondern auch für den Begriff, welchen der Urheber der Formel mit dieser verknüpft haben wollte, von größter Wichtigkeit und mag deshalb hier näher verfolgt werden.

Welches sind denn die Beziehungen Gournay's zu Quesnay gewesen?

Merkwürdigerweise gewährt das bald nach dem Tode des Handelsintendanten in dem damals vom Dichter Marmontel redigirten Mercure de France erschienene Eloge de Gournay aus der Feder seines Schülers und Freundes Turgot gar keinen Aufschluß über dieses Verhältniß. Dagegen verbreitet sich die Notice, welche der erste Herausgeber der gesammelten Werke des Letztern, Dupont de Nemours, in den Jahren 1808—1811,[1]) also ziemlich spät gibt, folgendermaßen darüber:

---

[1]) Œuvres de Mr. Turgot, Ministre d'Etat, précédées et accompagnées de Mémoires et de Notes sur sa Vie, son Administration et son Ouvrage (éd. par Dupont de Nemours). Paris 1808—1811. Die obengenannte Notice wurde auch, wiewohl mit einigen Auslassungen, in der späteren Ausgabe der Werke Turgot's von Eugène Daire, Paris, Guillaumin 1844, t. I. p. 258 f. abgedruckt.

„Um das Jahr 1750 beschäftigten sich zwei Männer von Genie, urtheilsvolle und tiefe Forscher, geführt durch ein lebhaftes Beobachtungsvermögen und eine scharfe Logik sowie angetrieben durch edle Liebe zum Vaterlande und zur Menschheit, Quesnay und de Gournay, mit der Aufgabe, ob die Natur der Dinge nicht etwa auf eine Wissenschaft der politischen Oekonomie hindeute, und welches in solchem Falle deren Prinzipien sein würden. Sie nahmen ihren Weg von verschiedenen Ausgangspunkten und gelangten zu den gleichen Resultaten. Als sie sich begegneten, beglückwünschten sie sich und riefen sich wechselseitig Beifall zu, zumal als sie bemerkten, mit welcher Genauigkeit ihre verschiedenen und doch gleich wahren Prinzipien sie zu absolut gleichen Folgerungen geführt hatten; eine Erscheinung, welche sich allemal erneuert, wenn man sich nicht im Irrthum befindet; denn es gibt nur Eine Natur, die Alles umfaßt, und keine Wahrheit kann einer andern widersprechen."

Nach dieser Darstellung Dupont's, welche hinterher Schule gemacht hat, würde also der Freundschaftsbund zwischen beiden Männern bereits von Anfang der fünfziger Jahre des achtzehnten Jahrhunderts an und schon beiläufig sieben Jahre bestanden gehabt haben, als Mirabeau und Quesnay sich kennen lernten. Hiemit wäre die Mittheilung, die wir von dem Marquis über sein Verhältniß zu Gournay haben, schwer zu vereinigen.

Nun sagt aber der Graf d'Albon in seinem schon genannten Eloge historique de M. Quesnay ausdrücklich, daß der Stifter der neuen Wissenschaft und der Intendant des Handels nur kurze Zeit vor dem Tode des Einen mit einander bekannt geworden seien (ces deux grands hommes qui n'avaient commencé à se connaître que peu avant la mort de l'un des deux etc.). Das wäre also beiläufig um dieselbe Zeit, wo der Marquis Mirabeau die Bekanntschaft des Intendanten gemacht haben will; wenigstens darf dies aus den Worten geschlossen werden: „Ermüdet von der unfruchtbaren Rolle, die

Stimme in der Wüste zu sein, zogst du dich aus dem Sanktuarium dieses mit Kröpfen behafteten Volkes zurück" u. f. w., ferner aus dem Umstande, daß er ihn bloß einmal gesehen hat.

Nun streitet die Mittheilung Dupont's aber mit anderen Angaben, die er selbst in früheren Jahren gemacht hat, als er den Ereignissen noch näher stand.

In seiner 1768 erschienenen Schrift De l'origine et des progrès d'une science nouvelle[1]) erzählt er den Ursprung des Systems in nachstehender Weise:

„Es sind ungefähr dreizehn Jahre her (1755), daß ein Mann von lebhaftestem Geiste, François Quesnay..., eine ganz neue Lehre bildete.... Der Augenblick war nicht durchaus ungünstig für die Veröffentlichung der neuen Doktrin. Der verehrungswürdige de Gournay, Intendant des Handels, ebenso wie Quesnay einzig durch die Geradheit seines Geistes geführt, gelangte zu derselben Zeit auf einem anderen Wege zu einem größtentheils übereinstimmenden praktischen Ergebnisse. Er fing an, die letzteren den Augen der höheren Verwaltungschefs zu unterbreiten und außerdem durch seine Gespräche und Rathschläge eine Reihe junger und würdiger Beamten heranzubilden, welche heute die Ehre und Hoffnung der Nation sind; währenddem der Doktor Quesnay in der Encyclopädie die Artikel Fermiers und Grains veröffentlichte, welche die ersten öffentlichen Werke sind, in denen die betreffende Wissenschaft sich enthüllte. Bald danach erfand der Letztere das Tableau Œconomique" u. f. w.

Hier wird also von demselben Verfasser erst das Jahr 1755 als der Anfangspunkt der Wissenschaft und des Zusammenwirkens mit Gournay bezeichnet, nicht wie fünf Jahrzehnte später das Jahr 1750. Weiter heißt es dort von den übrigen Anhängern und Mitarbeitern Quesnay's aus damaliger Zeit:

---

[1]) Dieselbe ist in dem Sammelwert Dupont's Physiocratie ou constitution naturelle du gouvernement le plus avantageux au genre humain, Yverdon 1768 (3. Band) abgedruckt.

„Drei Menschen, gleich würdig, die Freunde des Begründers der Wissenschaft und des Tableau Œconomique zu sein, de Gournay, der Marquis de Mirabeau und Mercier de la Rivière verbanden sich damals innig mit ihm. Man konnte alle Hoffnung für den raschen Fortschritt der neuen Wissenschaft aus dem Zusammenwirken der drei Menschen von Genie mit deren erstem Urheber schöpfen. Allein ein zu früher Tod entriß de Gournay den Wünschen und dem Glücke seines Landes. De la Rivière wurde zum Intendanten von Martinique ernannt .... und der tugendreiche Ami des Hommes blieb allein, um bei der Schöpfung der Lehre Beistand zu leisten" u. s. w.

Diese Mittheilung lautet so bestimmt wie möglich. Wir sehen den Freundschaftsbund gleichsam vor uns, wie er unter dem Vorsitze des Versailler Arztes gemeinsam über dem Systeme brütet. Und doch will Mirabeau den Handelsintendanten nur ein einziges Mal flüchtig gesprochen haben und der Graf d'Albon erklärt in seinem Eloge Quesnay's ebenso bestimmt, Gournay sei bald nach der Bekanntschaft mit dem Urheber des Systemes aus dem Leben geschieden.

Sagen wir es gleich heraus, wenn jene Darstellung nicht von Dupont de Nemours herrührte, so würde man, beunruhigt über diesen Widerspruch, sich angetrieben fühlen, nach einer beide Theile vereinigenden Auslegung zu suchen. Wer aber diesen Schriftsteller auch nur ein wenig näher kennt, der weiß, daß regelmäßig, wo andere Quellen gegen denselben aussagen, diesen der Vorzug gebührt. Dupont war im Jahre 1763 als junger 23jähriger Mann durch den Ami des Hommes für die Fahne des Tableau Œconomique geworben worden. Er hatte also den schon 1759 verstorbenen Handelsintendanten nicht selbst gekannt und war im Uebrigen unter dem Vorwande der Unordentlichkeit in der Führung der Redaktionsgeschäfte von dem ältern Organe der Physiokraten, dem Journal d'Agriculture, du Commerce et des Finances, im November 1766 durch die Verleger verabschiedet worden.¹) Seine sämmtlichen Schriten wimmeln von Ungenauigkeiten, Entstellungen und selbst falschen Angaben. So ist z. B. gerade jene berühmt gewordene Notice zum Eloge de Gournay in seiner Herausgabe von Turgot's gesammelten Werken ein Monstrum in dieser Hinsicht. Als Beispiel möge dienen, daß dort zur Schule Gournay's gerechnet werden: der schottische Philosoph David Hume, sowie die Italiener Beccaria und Filanghieri²); außerdem die Engländer Price und Josias Tucker, während doch, um nur Eines herauszuheben, des Letzteren Hauptwerk A brief essay on the advantages and disadvantages which respectively attend France and Great-Britain, im Jahre 1750, also ein Jahr bevor Gournay sein Amt antrat, schon in zweiter Auflage erschien und nachweislich auf diesen und seine Schule eingewirkt hat, nicht umgekehrt. Die Rubricirung Adam Smith's als eines zwischen Quesnay und Gournay stehenden Eklektikers «profitant de l'un et de l'autre» ist eine weitere wundersame Behauptung des Berichterstatters; von Anderem zu schweigen.

Genug, nicht leicht kann es einen Schriftsteller geben, in dessen Thatsachenberichte man größeres Mißtrauen zu setzen hat, als in diejenigen Dupont's de Nemours; leider haben

---

¹) «En novembre 1766, écrit Mirabeau, les propriétaires du Journal de l'agriculture, ennuyés des lenteurs et inexactitudes de Dupont lui donnèrent congé.» Loménie: Les Mirabeau, nouvelles études sur la société française au XVIIIme siècle. 2 vols. Paris 1879. t. II. p. 251.

²) Der spätere Herausgeber der Werke Turgot's, E. Daire (1844), hat für gut befunden, diese drei Namen bei der Wiedergabe der wunderlichen Notice Dupont's zu streichen; offenbar, weil er die Angabe für abjurd hielt. Und doch sind dieselben von größtem Werthe, um danach die Richtigkeit der anderen Mittheilungen abzuschätzen. Man sieht daraus, daß Ursache vorhanden ist, mit den in unseren Tagen fast ausschließlich benutzten Daire'schen Ausgaben der französischen Nationalökonomen des achtzehnten Jahrhunderts ihrer eigenmächtigen Verbesserungen (?) halber vorsichtig zu sein.

seine Angaben in der nationalökonomischen Geschichtschreibung bisher ein unverdientes Ansehen genossen.

Für das spätere Datum der Bekanntschaft sowie dafür, daß der Verkehr kein so enger gewesen sein kann, wie Dupont angibt, sprechen auch noch vielfache andere Umstände.

So besitzen wir über die näheren Lebensumstände des Versailler Leibarztes eine vorzügliche Quelle in den Memoiren der Madame du Hausset¹), Kammerfrau der Pompadour, wo abgesehen von einer Reihe sehr intimer Vorgänge, welche den Umgang des Königs mit seiner Maitresse betreffen, auch über den Bekanntenkreis Quesnay's zur Zeit der Entstehung der neuen Wissenschaft berichtet wird. Da ist von dem Marquis de Mirabeau viel die Rede, ebenso von Mercier de la Rivière und selbst von Turgot; sogar einige ökonomische Gespräche, welche sie miteinander geführt haben, werden in Bruchstücken wiedergegeben. Von Gournay enthalten die Memoiren keine Silbe.

Aber auch in dem reichen Briefwechsel des älteren Mirabeau aus jener Zeit, wie ihn uns Loménie in seinem schon genannten Werke Les Mirabeau gerade aus den Fünfzigerjahren des vorigen Jahrhunderts vorführt, und worin von den Anfängen der Physiokratie so viel die Rede ist, geschieht des Pariser Handelsintendanten nicht die geringste Erwähnung. Daß in dem dort nicht mitgetheilten Briefmaterial ebenfalls keine darauf bezügliche Angabe enthalten sei, dürfen wir daraus schließen, daß Loménie an jenen Stellen, wo er dennoch von Gournay als Mitstifter des physiokratischen Systemes sprechen zu müssen glaubt, die betreffenden Angaben Dupont's wiedergibt.

Allein, wir können noch spezieller nachfragen. In der mehrgenannten Lobrede, welche Turgot seinem verstorbenen

---

¹) Mémoires de Madame du Hausset, femme de chambre de Madame de Pompadour, Paris 1824; in der Collection des Mémoires relatifs à la Révolution française.

Lehrer und Freund gewidmet hat, sind zwar, wie schon bemerkt, keine Mittheilungen über den Wechselverkehr zwischen Gournay und Quesnay enthalten; was eigentlich auffallen muß, da Turgot schon damals mit beiden Männern bekannt war, und es wenigstens gemäß der späteren von Dupont de Nemours veröffentlichten Ausarbeitung dieser Lobrede so scheint, als seien die wissenschaftlichen Standpunkte Beider zusammengefallen. Immerhin läßt sich aber aus den daselbst gegebenen biographischen Notizen nachrechnen, daß dieser Verkehr, der zweifellos stattgefunden hat, sich zeitlich nur auf einen verhältnißmäßig kurzen Abschnitt erstreckt haben kann. Nach den Angaben Turgot's befand sich nämlich der Pariser Handelsintendant von der Mitte des Jahres 1753 an bis zu Anfang 1757 fast durchgehends auf Amtsreisen, um die Industrieen des ihm zugewiesenen Reichsbezirkes zu besuchen. Diese Inspektionstouren wurden blos zeitweise durch die steigende Kränklichkeit Gournay's unterbrochen.

Während dieser Periode, in welche die Veröffentlichung der Artikel Fermiers und Grains fällt, war also ein Verkehr zwischen Gournay mit dem Verfasser derselben, der überdies in Versailles und nicht in Paris lebte, so gut wie unmöglich. Es wird sonach durch diesen rein äußerlichen Umstand der Zeitabschnitt, innerhalb dessen ein persönlicher Verkehr zwischen den beiden Männern stattfinden konnte, zwischen die beiden Termine Anfang des Jahres 1757 bis zum Tode Gournay's am 27. Juni 1795 eingeschränkt. Und selbst hier haben wir noch bedeutende Abstriche vorzunehmen.

Zunächst müssen wir uns erinnern, daß der erste Besuch des Ami des Hommes, wie sich der Marquis de Mirabeau selber bezeichnete, beim Versailler Arzte auf den 27. Juli 1757 fällt. Gemäß dieser Unterredung nannte sich der Marquis de Mirabeau den „ältesten Sohn der Doktrin", was nicht hätte geschehen können, wenn ein Anderer begründeteren Anspruch auf diesen Titel gehabt hätte. Nirgends wird aber in den darauf bezüglichen Berichten irgend einer Persönlichkeit Erwähnung gethan, welche mit ihm betreffs dieser Eigenschaft hätte wetteifern können, es sei denn Mercier de la Rivière, der sich selbst aber nie mit Mirabeau in gleiche Linie gestellt hat. Dieses halbe Jahr muß also am Anfange der Bekanntschaftsperiode noch abgezogen werden.

Aehnlich haben wir am Endpunkte derselben vorzugehen. Aus der gleichen Quelle entnehmen wir, daß Gournay um die Wende des Jahres 1758 in jene Krankheit verfiel, die ihn dem Tode in die Arme führte. Den ganzen Carneval brachte er in diesem Zustande auf dem Landsitze Gournay zu, dessen Namen er seinem ursprünglichen Namen J. C. M. Vincent später beigefügt hatte. Auch dieses halbe Jahr ist somit abzurechnen. Ja noch mehr. In dem Zeitraume unmittelbar vorher hatte er das Unglück gehabt, sein ganzes noch in Spanien befindliches Vermögen (Gournay war vor seinem Amtsantritte Großkaufmann in Cadix gewesen) zu verlieren. Dies hatte ihn genöthigt, seine Amtschargen, nämlich die eines Conseiller d'état sowie eines Handelsintendanten zu verkaufen. Er war also beim Ausbruche seiner letzten Krankheit bereits aus dem Amte getreten, wobei man ihm als besondere Vergünstigung den Titel honoraire für seine früheren Stellungen auf seinen Wunsch belassen hatte. Bei solchem äußeren Schiffbruch, der einen Reformator in volkswirthschaftlichen Dingen, welcher sich mit Vorliebe gerade auf seine praktischen Geschäftserfahrungen zu berufen pflegte, doppelt peinlich berühren mußte, darf schwerlich angenommen werden, derselbe werde um jene Zeit viel äußern Umgang unterhalten und sich auch nur bei der Herausbildung eines theoretisch volkswirthschaftlichen Systemes lebhaft betheiligt haben. Man wird also auf Rechnung dieser Umstände auch die letzten Monate des Jahres 1758 abstreichen dürfen.

Alles zusammengenommen, dürfte die Zeitperiode, innerhalb deren ein persönlicher Gedankenaustausch zwischen Gournay und dem Stifter des physiokratischen Systemes überhaupt möglich war, sich auf beiläufig Jahresfrist, nämlich von August

ober September 1757 bis zu August ober September 1758 ein=
zuschränken haben.

Dies würde nun nicht blos mit der Angabe des Grafen
d'Albon, sondern auch mit der Mittheilung übereinstimmen,
welche der Marquis de Mirabeau über sein eigenes Verhält=
niß zu dem Handelsintendanten gemacht hat.

Ja selbst während dieses einen Jahres kann der Umgang,
abermals aus äußeren Gründen, kein sehr enger gewesen sein.
Die Kränklichkeit Gournay's fesselte ihn an Paris. Quesnay
aber war durch seine Stellung bei der Pompadour streng an
Versailles gebunden und dadurch in dem Verkehre selbst mit
seinen begeistertsten Anhängern sehr gehemmt. Wir haben über
diesen Verkehr originelle Mittheilungen aus der Feder des Ami
des Hommes in den Briefen, die er an seinen italienischen
Freund Longo schrieb. Dort heißt es schon über seine erste Zu=
sammenkunft mit dem Versailler Arzt: «Il me fit prier de
vouloir bien lui faire dire quand je viendrais à Versailles,
car il ne quittait son poste ni jour ni nuit.» Und später
über die Besuche Quesnay's in Paris: «Plus tard il venait
chez moi, madame de Pompadour le descendait à ma porte
pour deux heures, dans les voyages qu'elle faisait à Paris,
et c'était tout.» (Loménie.)

Wenn nun alledem so ist, und überhaupt unser Sinn=
spruch bei Quesnay nicht angetroffen wird, so kann der Ein=
fluß, welchen Gournay auf die Bildung des physiokratischen
Systemes gehabt haben soll, doch kein so großer und maß=
gebender gewesen sein, wie man in den Geschichtsbüchern der
Nationalökonomie, den Erzählungen Dupont's folgend, immer
dargestellt findet. Auf alle Fälle ist eine Antheilnahme des
Handelsintendanten an der Ausarbeitung der Artikel Fermiers und Grains ausgeschlossen. Höchstens an der auf den
Schluß des Jahres 1758 fallenden Schöpfung des Tableau
Œconomique, das übrigens nur die bereits in den genannten
Artikeln der Encyclopädie enthaltenen Gedanken in systema=
tische Form bringt, könnte der Handelsintendant der Zeit nach

überhaupt betheiligt gewesen sein, wiewohl wir auch diesen Zeitpunkt genau genommen als über die von uns berechnete Periode hinausliegend bezeichnen mußten.

Welches waren nun aber die näheren Umstände, welche zur Bildung dieser «formule étonnante», wie Dupont das Tableau Œconomique bezeichnete, hinführten?

Es liegt ein geheimnißvolles Dunkel auf dem Ursprunge dieses Werkes. In seiner ältesten Erscheinungsform ist dasselbe der Nachwelt verloren gegangen. Die erste Veröffentlichung für das Publikum stammt nicht von dem Urheber selbst, sondern von dem „ältesten Sohn der Doktrin" her, der sie, wie schon angegeben, als Beigabe zu seinem Ami des Hommes 1760 und zwar überarbeitet der Welt vorgelegt hat. Weiter ausgeführt erschien das Tableau in der Philosophie Rurale des gleichen Verfassers 1763, und erst in der Mainummer 1766 des damals von Dupont de Nemours redigirten Journal d'Agriculture, du Commerce et des Finances treffen wir auf eine auszugsmäßige Skizze von der Hand des Meisters. Dieselbe ist in dem Sammelwerk Dupont's: Physiocratie ꝛc.[1]) wiedergegeben.

Selbst über den genauen Zeitpunkt der Entstehung gehen die Angaben auseinander.

In der historischen Uebersicht, welche das Februarheft des Jahrganges 1768 der Ephémérides über die Aufeinanderfolge der Schriften, die zur Bildung der neuen Wissenschaft beigetragen haben, enthält, wird unter denjenigen Werken, welche das Jahr 1758 gezeitigt hat, aufgeführt:

« Le *Tableau économique* avec son explication et les maximes générales du gouvernement économique, sous le titre d'extrait des économies royales de M. de Sully par M. Quesnay, très belle édition in 4⁰, faite au château de Versailles, mais dont on ne trouve plus (sic). »

---

¹) t. I.

Und schon ein Jahr früher, nämlich im Januarband 1767 findet sich in dem von Baudeau herrührenden Avertissement de l'Auteur eine nähere Zeitbestimmung, indem da die erste Ausgabe des Tableau bezeichnet wird als: « Magnifique édition qui fut faite dans les mois de Novembre et Décembre 1758; il n'est plus possible de s'en procurer des exemplaires ».

Nun stoßen wir aber zwei Jahre später, nämlich in der Notice abrégée des différents écrits modernes qui ont concouru en France à former la science de l'économie politique, welche Dupont in der Aprilnummer des Jahres 1769 veröffentlicht, auf folgende weitläufigere Darlegung:

„Wir wissen nicht, ob es dieses Jahr (1758) oder das folgende ist, in welches wir das Tableau Œconomique mit seinen Erläuterungen und Maximen der ökonomischen Regierung, letztere beigefügt unter dem Titel: Extrait des Economies Royales de M. de Sully, zu stellen haben. Es ist eine schöne Ausgabe in 4°, welche im Schlosse zu Versailles angefertigt wurde, und von der man nur mehr Exemplare bei jenen Personen findet, welchen sie überreicht wurde. Der Autor, der, wie man weiß, Herr Quesnay ist, hat mir mehrmals gesagt, daß diese Ausgabe aus dem Monat Dezember 1758 datire, und daß er betreffs dieses Zeitpunktes sicher sei. Der Ami des Hommes, sein erster Schüler, welcher damals innig mit ihm verbunden war, versichert uns dagegen, diese Ausgabe stamme erst aus dem Jahre 1759 und selbst nicht einmal aus dem Anfange desselben (qu'elle n'est que de l'année 1759 et même qu'elle n'est pas du commencement de cette année) und daß er des Zeitpunktes ebenfalls sicher sei."

Dupont fügt hinzu, er erzähle diese Angabenverschiedenheit über eine zeitlich so nahe liegende Thatsache Seitens zweier Menschen, welche doch so wohl darüber unterichtet sein müßten, mit aus dem Grunde, um zu zeigen, wie schwer es sei, Geschichte zu schreiben, und was man im Allgemeinen von deren Berichten und kleineren von ihr überlieferten Thatsachen zu halten habe. Diese Entschuldigung hatte Dupont, wie wir wissen, wohl nöthig.

Man darf wohl annehmen, daß die Angabe Quesnay's die richtigere sein werde, und es ist auch immer so angenommen worden.

Wie sah es nun aber in jenem Monate Dezember, welcher dem Tableau Œconomique das Leben gab, am Versailler Hofe aus?

Niemals in der ganzen Vorgeschichte der französischen Revolution dürfte daselbst wohl eine größere Verwirrung geherrscht haben als zu jener Zeit. Schon im dritten Jahre war der siebenjährige Krieg im Gange, die Schlacht bei Roßbach war geschlagen und die Engländer beschossen mit Erfolg die französischen Hafenstädte, wo sie den größten Theil der französischen Flotte vernichtet hatten; außerdem brachten sie in den nordamerikanischen Colonien siegreich einen festen Punkt nach dem andern in ihre Hände. Von den sechs Generalcontroleurs der Finanzen, welche während des Krieges kamen und gingen, war bereits der dritte im Amte. Eine Finanzcommission war seit Beginn des Jahres damit beschäftigt gewesen, den öffentlichen Haushalt zu untersuchen, ob Ersparnisse gemacht werden könnten. Dieselbe hatte aber gleich im Marine-Departement eine so entsetzliche Unordnung, einen solchen „Abgrund von Mißbräuchen" entdeckt, daß der König aus Furcht, der daraus entstehende Schrecken möge sich bei Fortsetzung der Untersuchung vergrößern und lähmend auf die Kriegsführung einwirken, anordnete, es sei mit der Weiterführung der Prüfung bis zur Beendigung des Krieges zu warten. Dabei hatte man sich zu großartigen Subsidienzahlungen an Oesterreich verpflichtet, was die Bedrängniß in's Ungeheuerliche vermehrte. Am 4. Oktober war von dem Abbé Bernis, damaligem Minister des Aeußern, dem Könige durch Vermittlung der Pompadour eine Denkschrift vorgelegt worden, welche ein drastisches Bild der damaligen Lage bietet: „Ich würde, Sire — so schreibt er — zum Verräther an meiner

Pflicht, wenn ich Sie nicht wissen ließe, daß der Staat in Gefahr ist, wenn die Ausgaben nicht bedeutend herabgesetzt werden.... Mein Kopf ist aus den Fugen und hat keine Klarheit mehr. Mein Schlaf ist dahin und mein Geist wird irre, so oft ich an die Zukunft denke" u. s. w.¹). Zugleich bittet er, wenn auch nicht um seine Entlassung, so doch um seinen theilweisen Ersatz durch den Herzog von Choisenl, damaligen Gesandten am Wiener Hofe. Ludwig XV. hatte diesen Vorschlag angenommen und zu Anfang jenes Dezembers war der neue Minister in Paris eingetroffen. Unmittelbar vorher hatte der Abbé Bernis vom Papste den Cardinalshut verliehen erhalten. Sei es, daß diese Würde dem neuen Cardinal zu Kopfe gestiegen war, sei es, daß die Stellung des alten Ministers im Conseil des Königs überhaupt nicht näher definirt war und daher zu Unzuträglichkeiten Anlaß geben mußte; genug, gleich in der ersten Sitzung zeigte der Cardinal Bernis eine solche nachdrückliche Selbständigkeit in der Anempfehlung der dem Könige verhaßten Friedenspolitik, daß Letzterer in den größten Zorn gerieth. Am 13. Dezember schickte er dem Kardinal einen in den ungnädigsten Worten abgefaßten Befehl, sich sofort auf eine seiner Abteien zu begeben und dort zu bleiben, bis er ihn rufe.

Die vorstehende Darlegung war nöthig, um die Lage zu verstehen, in welcher man sich zu Versailles im Dezember 1753 befand. Der Staat wand sich in den Wehen eines schweren Krieges und eines sich vollziehenden Ministerwechsels. Die Finanzkassen waren leer und die Staatsverwaltung hatte kurz vorher einen Einblick in ihr Getriebe thun lassen, welcher geradezu Entsetzen erregt hatte. Auch ein weniger mit der Ergründung ökonomisch-politischer Probleme beschäftigter Mann als Quesnay würde in einem solchen Falle nach einem Mittel gesucht haben, wie der dem Abgrunde zueilende Staat zu retten sei, und wir begreifen vollkommen, daß der königliche Leibarzt,

---

¹) Die Denkschrift findet sich mitgetheilt bei Wilhelm Onden, Das Zeitalter Friedrich's des Großen, Berlin 1882, 2. Band, Kap. VI.

dem die ganze Misère mit all' ihren intimen Vorgängen bei Hofe vor Augen lag, sich veranlaßt fühlte, seine bereits literarisch vertretenen reformatorischen Ideen in die knappe Form eines Tableau's zu gießen und sie dem Könige zur Annahme zu unterbreiten.

Ueber die näheren Umstände dieser Vorlegung wird in der nationalökonomischen Literatur eine abermals auf Dupont zurückzuführende Nachricht festgehalten, wonach Ludwig XV. dem Tableau Œconomique so nahe gestanden habe, daß er bei der Ausarbeitung gleichsam persönlich betheiligt gewesen sei und namentlich das Motto: *Pauvre paysans, pauvre royaume; pauvre royaume, pauvre roi*, eigenhändig für den Druck gesetzt habe.[1]) Woher Dupont diese Nachricht hat, weiß ich nicht. Keine der übrigen Quellen sagt etwas darüber aus, nicht einmal das Eloge auf Quesnay von G. H. de Romance,[2]) dem wir doch sonst eine Fülle anekdotenhafter Details über die persönlichen Beziehungen des Leibarztes zur königlichen Familie verdanken. Dagegen finden wir in den Memoiren der Madame du Hausset[3]) eine Meldung, die mit den übrigen bekannten Thatsachen besser übereinstimmt. Sie berichtet:

„Einige Monate nachher erzählte mir Quesnay, daß er sich zum Premierminister habe machen wollen (qu'il avait voulu se faire premier ministre). Er habe eine Denkschrift ausgearbeitet gehabt, um nachzuweisen, daß es in so schweren Zeiten für den guten Stand der Staatsgeschäfte empfehlenswerth sein dürfte, einen Centralpunkt (un point central), dies ist sein Ausdruck, einzurichten, in welchen alles einmünde. Madame

---

[1]) «Il (Quesnay) fit cette maxime: Pauvres paysans, pauvre royaume; pauvre royaume, pauvre roi. Et il eut le bonheur de parvenir à la faire imprimer à Versailles de la main de Louis XV.» In der schon oben charakterisirten Notice zu Turgot's Eloge de Gournay aus dem Jahre 1808.

[2]) London und Paris 1775.

[3]) p. 122 f.

(de Pompadour) sei nicht geneigt gewesen, sich mit der Denk=
schrift zu befassen; er habe jedoch darauf bestanden, obgleich
sie ihm warnend gesagt: Sie werden sich unglücklich machen
(vous vous perdez). Der König habe dann sein Auge darüber
geworfen und wiederholt: point central, das heißt er will
Premierminister werden. Von Madame sei darauf entschul=
digend eingeworfen worden, das könne sich auf den Marschall
Belle=Jsle¹) beziehen; worauf der König geantwortet: will er
nicht lieber Cardinal werden?"

Madame du Hausset erzählt nun dem Berichte Quesnay's
folgend weiter, von dem Könige sei nun des längeren aus=
einandergesetzt worden, daß ein Cardinal durch seine Würde
die Minister zwinge, sich bei ihm zu versammeln, wodurch er
allen Einfluß an sich reiße. Ludwig XIV. habe aus diesem
Grunde niemals gewollt, daß der Cardinal Janson, den er
sonst sehr geschätzt, in den Conseil eintrete und von dem Car=
dinal Fleury sei ihm persönlich dasselbe gerathen worden,
wonach er sich denn auch gerichtet.

„So sprach der König, schließt Madame de Hausset ihre
Erzählung, wie mir mein Freund Quesnay im Vertrauen mit=
theilt hat, welcher letztere, nebenbei bemerkt, ein großes Genie
war, wie alle Welt sagte, und dabei eine sehr lustige Per=
sönlichkeit. Er liebte, mit mir über die Landschaft, in der ich
aufgewachsen war, zu plaudern, und ließ mich von den Futter=
weiden in der Normandie und in Poitou erzählen, sowie
von dem Reichthum der dortigen Pächter und ihrer Art und
Weise, die Landwirthschaft zu betreiben. Er war der beste
Mensch der Welt und jeder, selbst der kleinsten Intrigue ab=
hold. Bei Hofe beschäftigte er sich wohl mehr damit, wie man
das Land anbaue, als mit allem, was sonst da vorging."

Der vorstehende Bericht ist mit keinem Datum versehen.
Selbst wenn er nicht unmittelbar der Erzählung eines Ereig=
nisses folgte, das sich eine Zeit lang vor dem Falle Bernis'

---

¹) Damaliger Kriegsminister.

zutrug und bereits die Stimmung des Königs gegen denselben einnahm (auf dieses Begebniß beziehen sich die Einleitungs= worte: Einige Monate nachher u. f. w.), so würde die An= spielung: „will er nicht lieber Cardinal werden?" u. f. w. sofort auf jenen Monat Dezember hingewiesen haben, in welchem (abgesehen von dem nebenbei erwähnten Cardinal Fleury, dem Erzieher des Königs) der einzige Cardinal unter Ludwig XV., wenn auch nur wenige Tage, eine Stimme im Cabinet gehabt hat.

Ist dem nun so, und fällt jene von Madame du Hausset erwähnte Denkschrift mit der ersten Abfassung des Tableau Œconomique zusammen, so ergibt sich der bemerkenswerthe Umstand, daß diesem letztern damals kein niedrigeres Ziel ge= steckt war, als den Urheber an die Spitze der Regierung zu bringen, was freilich mißlang. Um dem Könige das Lesen zu erleichtern, mag er das Manuskript in der königlichen Schloßdruckerei in Druck gelegt und, weil blos für den König bestimmt, in ganz wenigen Exemplaren, jedoch in angemessener Ausstattung (in 4° sagen die Berichte) haben abziehen lassen. Diese mögen nun nachträglich von Quesnay wieder unterdrückt worden sein, um ein für allemal die Spuren jener ver= unglückten Bewerbung um den Ministerposten zu vertuschen; wenigstens findet sich in der physiokratischen Literatur nirgends eine darauf bezügliche Andeutung.

Den theoretischen Kern des Tableau's mußte der Urheber naturgemäß zu erhalten suchen. Derselbe ist dann später, einestheils in verschiedenen Ueberarbeitungen, was wohl im Auge behalten werden muß, Seitens des Marquis de Mirabeau, anderntheils im Auszuge von dem Meister selbst, also niemals in der ursprünglichen Form, der Oeffentlichkeit übergeben wor= den. Wenn daher in diesen Veröffentlichungen der Ausdruck point central in dem Sinne, wie er der Erzählung der Ma= dame du Hausset entsprechen würde, nicht vorkommt, so be= deutet das nichts dagegen. Die speziellen Organisationsvorschläge bezüglich der Einrichtung der Centralverwaltung u. f. w.

mußte man nachher, als mit der Theorie nicht zusammen=
hängend und zugleich als verrätherisch, fortzulassen sich be=
stimmt fühlen.

Es ist gut möglich, daß Quesnay bei seinem Vor=
gehen, das ihm sehr wohl, gemäß der Andeutung der Pompa=
dour, die Gnade des Königs kosten konnte, nicht einmal den
Marquis de Mirabeau in das Vertrauen gezogen hatte. Da=
raus würde sich dann die Erklärung ergeben für die Verschie=
denheit in den Angaben beider Männer über die Geburt des
Tableau Œconomique, welche der Schüler mit Bestimmtheit
auf mehrere Monate später ansetzt als der Meister selbst. Der
Erstere würde dann einfach den Zeitpunkt im Auge gehabt
haben, wo ihm der theoretische Abriß mitgetheilt und gemein=
sam mit ihm durchberathen worden war.

Daß die Notiz Dupont's, wonach der König selbst bei
dem Drucke des Tableau's mitgewirkt haben soll, falsch ist, be=
darf für Denjenigen keines Beweises, der die Memoiren der
Madame du Haussset gelesen und daraus das Verhältniß des
Königs zu seinem Leibarzte kennen gelernt hat. Dieses trug
wenig von jener Vertraulichkeit an sich, wie sie nach jener Mit=
theilung vorausgesetzt werden müßte, wofür unter Anderem fol=
gendes Beispiel gelten mag: „Eines Tages — so erzählt Madame
du Haussset — sprach der König mit ihm (Quesnay) und, da der
Doktor sehr verstört aussah, so sagte ich, nach dem Weggehen
des Königs, zu ihm: Sie sahen vor dem Könige so verlegen
aus und er ist doch so gut. — Madame, antwortete er mir,
ich bin erst in einem Alter von vierzig Jahren aus meinem
Dorfe herausgekommen und habe nur geringe Kenntniß von
der Welt, an die ich mich schwer gewöhne. Sobald ich mit
dem Könige in einem Zimmer bin, so sage ich mir: das ist
ein Mann, der dir den Kopf abschlagen lassen könnte, und
dieser Gedanke stört mich. — Aber ist denn die Gerechtigkeit
und Güte des Königs nicht im Stande, Sie zu beruhigen? —
Das ist gut für den Verstand, aber das Gefühl ist noch
schneller bei der Hand und flößt mir bereits die Furcht ein,

bevor ich mir alles das sagen kann, was geeignet ist, sie zu zerstreuen." ¹)

Um nun nach dieser Sonderuntersuchung zu unserem Ausgangspunkte zurückzukehren, so ergibt sich, abgesehen von anderen Gründen, aus der Ursprungsgeschichte des Tableau Œconomique, daß von einer Mitarbeiterschaft und Beeinflussung Seitens Gournay's nicht die Rede sein kann.

Allerdings ist Eines auffallend.

In dem Eloge Turgot's auf Gournay, datirt vom 22. Juli 1759, also wenige Wochen nach dem am 27. Juni desselben Jahres erfolgten Tode des Letztgenannten, wird eine Theorie als dem Verstorbenen angehörig und als durch ein ganzes Lebensalter bethätigt vorgetragen, welche denselben als einen in der Wolle gefärbten Physiokraten erscheinen läßt, also schon für eine Zeitperiode, wo an das Tableau Œconomique noch kaum gedacht werden konnte. Ja, selbst der Punkt, den hinterher Dupont in seiner Notice gerade als Unterschied der Lehre des Handelsintendanten von derjenigen des königlichen Leibarztes geglaubt hat hervorheben zu müssen, nämlich die Annahme, daß nicht blos dem Ackerbau, sondern auch der Industrie und dem Handel die Charaktereigenschaft der Produktivität zukomme, ist aus dem Eloge nur mit Mühe herauszulesen. Abgesehen von der absoluten Zolllosigkeit an den Landesgrenzen, wird da auch die einzige Grundsteuer als ein Postulat des Gournay'schen Systemes hingestellt.

Sonach würde also mindestens ein überraschender Parallellauf zwischen beiden Theorien bestanden haben, der wieder auf einen innigen Ideenaustausch zwischen beiden Männern schließen lassen müßte, ja, der in gewissem Sinne dem Handelsintendanten die Priorität für die wichtigsten Sätze der Physiokraten zutheilen würde. Die interessante Frage löst sich bei näherem Zusehen ziemlich prosaisch auf.

---

¹) A. a. O. p. 130.

Schlagen wir nämlich den Mercure de France nach, in dessen Augustnummer vom Jahre 1759 das Eloge zum erstenmal erschienen ist, so sehen wir, daß die ganze theoretische Darlegung, wie sie in der durch Dupont de Nemours 1808 veranstalteten Gesammtausgabe der Werke Turgot's enthalten ist, fehlt. Sie ist also erst später hineingearbeitet worden. Und man darf wohl vermuthen, es sei da Vieles von dem eigenen Standpunkte des Verfassers, welcher nachher ganz in die Fußstapfen Quesnay's hinübertrat, eingeflossen. Diese Vermuthung bestärkt sich, wenn wir bemerken, daß der Schülerkreis Gournay's, Turgot ausgenommen, später eine durchaus selbständige Richtung verfolgt hat, und die Lehren der Physiokraten sogar bekämpfte. Es ist nämlich auch wieder falsch, wenn Dupont in der Notice behauptet, die Anhänger beider Männer hätten zwei „brüderliche" Schulen gebildet, die niemals irgend welche Eifersucht oder Meinungsverschieden= heit gehabt. Vielmehr wurde gerade eines der Häupter jener anderen Gruppe, Forbonnais, gelegentlich von dem Marquis de Mirabeau «le chef de nos antagonistes»[1]) genannt. Daß die Aufzählung der Mitglieder dieser beiden Schulen, wie sie Dupont gibt, ebenfalls sehr zu wünschen übrig läßt, ist schon früher bemerkt worden. Ueberhaupt würde man die Bildung zweier Schulen gar nicht verstehen, wenn es wahr wäre, was Dupont behauptet, es habe sich bei Quesnay und Gournay um «exactement la même théorie» und um «conséquences absolument semblables» gehandelt.

Und die Vermuthung, daß Turgot seinem Lehrer seine späteren eigenen Ansichten untergeschoben habe, erhebt sich zur Gewißheit, wenn wir diejenigen Schriftwerke durchsehen, welche uns, entgegen der allgemein herrschenden Annahme, es sei nichts von Gournay's Denkschriften der Nachwelt erhalten geblieben, thatsächlich auf uns gekommen sind. Wir lernen darin den Pariser Handelsintendanten im Einklange mit seiner Schule als

---

[1]) Vgl. Loménie, t. II. p. 264.

einen liberalen Merkantilisten kennen, der im Gegensatze zu dem damals in Frankreich herrschenden Prohibitivsysteme die englische freiheitlichere, aber immerhin schutzzöllnerische Zolltarifpolitik empfahl und auf ein einheitliches, durch keine Zwischenbarrieren und Zunftprivilegien getheiltes französisches Zollgebiet hinarbeitete, ungefähr im Sinne Mirabeau's, wie es aber erst durch die französische Revolution zur That wurde. Die Darlegung dieses Verhältnisses auf Grund des allerdings nicht sehr umfänglichen, aber immerhin ausreichenden Materiales, das mir als von Gournay herrührend vorliegt, sowie der Schriften seiner Schüler, würde hier zu weit führen; sie sei einer weiteren Nummer dieser „Beiträge" vorbehalten.

Wir können uns nun auch wohl die Art des Rapportes vorstellen, in welchem Gournay mit Quesnay und seinen Freunden gestanden haben mag. Dieser Verkehr wurde wahrscheinlich durch Turgot vermittelt, der damals noch von etwas unklarer Schwärmerei befangen war und in jener Zeit, wo Alles noch in den Anfängen lag, in der liberalen Handelspolitik des Einen und der auf Ackerbau und Naturgesetze gegründeten Freihandelslehre des Andern die gleichen Prinzipien erkennen mochte. Auch mag es ihm später ein Bedürfniß des Herzens gewesen sein, seinen verehrten älteren Lehrer bereits im Lichte derjenigen Erleuchtungen erscheinen zu lassen, welche ihm nachher selbst als der Inbegriff alles gesellschaftlichen Heiles erschienen. Niemals ist bezweifelt worden, daß in dem Eloge de Gournay auch das theoretische Glaubensbekenntniß Turgot's ausgedrückt sei.

Wie steht es nun aber mit unserem Sinnspruche? Derselbe kommt in dem oben berührten Schriftenmaterial von Gournay nicht vor, ebensowenig in den Werken irgend eines seiner Schüler. Daraus darf man schließen, daß die Parole, wenn sie von ihm gebraucht worden ist, jedenfalls nicht in der Weise zur Centralmaxime des ganzen Systemes gemacht war, wie das später von der Schule Quesnay's

geschehen ist. Es geht aber ferner aus diesem hier noch
nicht vorgelegten Schriftenmaterial hervor, daß die Maxime,
wenn angewendet, zwar nach dem Vorbilde Englands die freie
Concurrenz im inneren Verkehr, aber noch keineswegs absolute
Zolllosigkeit dem Auslande gegenüber, im Sinne d'Argenson's
oder der Physiokraten, bedeutet haben kann, trotz der gegen=
theiligen Behauptung Turgot's.

Es könnte nun vielleicht der Zweifel aufsteigen, ob die Er=
gänzung des Spruches überhaupt dem Pariser Handelsinten=
danten zugeschrieben werden dürfe. Ich gestehe, daß ich Anfangs
dieser Meinung huldigte. Allein, wenn wir die Einschränkung
machen, daß derselbe nicht genau im Sinne der Schule Ques=
nay's gemeint war, so steht der Annahme dennoch nichts ent=
gegen und es spricht dann sogar mancherlei dafür.

Nach allem, was wir von Gournay wissen, lag das
Schwergewicht seiner Thätigkeit in der mündlichen Anregung.
Nicht blos aus dem Kreise derjenigen, welche sich nachher auf
ihn beriefen, sondern auch aus anderen Quellen lauten die
Berichte übereinstimmend, daß er sich einer ebenso natürlichen
wie treffenden Beredtsamkeit erfreut habe, die ihm zwar die
Gegnerschaft nicht fern hielt, aber doch überall eine gewisse
Anerkennung sicherte. Die Natur solcher agitatorischen Ge=
spräche neigt zum Gebrauche von Kernworten und durch=
schlagenden Sätzen hin.

Grimm, bekanntlich ein Gegner der Schule Quesnay's,
die er nicht müde wurde zu verhöhnen [1]), dabei aber ein
liberaler Handelspolitiker im Sinne der damaligen englischen

---

[1]) So sagt er z. B. schon in der Dezembernummer seiner Correspon=
denz 1763: « On dit qu'il existe une *Philosophie rurale* en trois vo-
lumes, qui a été supprimée. Je ne l'ai point vue ; mais on m'a assuré
que c'était du galimatias fort chaud et très-hardi. qui avait l'air de
venir de la boutique de M. le marquis de Mirabeau, ex-auteur de
l'Ami des Hommes et de son ami, M. Quesnay, médecin consultant
du roi, qui a fait, relativement à cet objet, quelques articles obscurs
et louches de l'Encyclopédie. » Später (1770) nennt er sie eine « secte
aussi arrogante qu'ennuyeuse » u. s. w.

merkantilistischen Schule, berichtet uns eine Aeußerung des Handelsintendanten, die in dieser Hinsicht charakteristisch ist. In der Juli-Nummer des Jahres 1764 seiner Correspondenz heißt es:

„Der verstorbene Gournay, eine ausgezeichnete, sowohl durch ihre Rechtschaffenheit, wie durch ihre Kenntnisse achtungswerthe Persönlichkeit, die uns leider zu früh entrissen wurde, sagte manchmal: Wir haben in Frankreich eine Krankheit, welche viel Unheil anrichtet; die Krankheit heißt die bureaumanie! Manchmal traf er noch eine vierte oder fünfte Unterscheidung der Verwaltungsform unter dem Titel bureaucratie." u. s. w.

Man sieht aus diesem Citat, daß Gournay seine Schlagworte ebenso wohl zu handhaben, wie selbst zu bilden wußte.

Es ist auch mehr als wahrscheinlich, daß er unseren Sinnspruch, wenigstens in seiner Stammform, gesprächsweise angewendet habe. In einem der frühesten ökonomischen Aufsätze Turgot's, nämlich dem im gleichen Bande mit dem Quesnay'schen Artikel Fermiers (1756) in der großen Encyclopédie erschienenen Artikel Fondation wird die Stammform der Maxime gegen die öffentlichen Stiftungen angewendet, durch welche letztere das Capital lahmgelegt und darum der nutzbringenderen Benutzung entzogen werde; deshalb wird gefolgert «laissez-les faire: voilà l'unique principe». Daß dieser, wie auch der andere gleichzeitig der Feder Turgot's entsprungene Artikel Foires et Marchés unter dem Einflusse Gournay's geschrieben worden, darf man, abgesehen von anderen Anzeichen, daraus schließen, daß in diesem letzteren Aufsatze der Pariser Handelsintendant, wiewohl indirekt, citirt wird. Bei der Ankämpfung gegen die ausschließenden Marktprivilegien wird nämlich dort gesagt:

«Faut-il, dit le magistrat citoyen, auquel nous devons la traduction de Child, et auquel la France devra peut-être un jour la destruction des obstacles que l'on a mis au progrès du commerce en voulant le favoriser — faut-il jeûner toute l'année pour faire bonne chère à certains jours? In Holland — heißt es weiter — gibt es keine Jahrmärkte, allein das ganze Staatsgebiet bildet das ganze Jahr hindurch sozusagen einen beständigen Jahrmarkt, denn der Handel ist dort an jedem Orte und zu jeder Zeit gleich blühend."

Derjenige «auquel nous devons la traduction de Child» ist Gournay, der zu Anfang seiner amtlichen Laufbahn das Werk des bekannten englischen Merkantilisten, Josiah Child, A new Discourse of Trade[1]) auf Veranlassung seines Vorgesetzten Trudaine als den programmäßigen Ausdruck seiner eigenen handelspolitischen Anschauungen in's Französische übersetzt hatte.

Aehnliche Berufungen auf treffende Aussprüche Gournay's finden wir auch in der Folgezeit bei Turgot.

In einem Briefe vom 19. Januar 1770 Turgot's an seine Freundin Fräulein d'Espinasse, den uns Morellet in seinen Memoiren mittheilt[2]), spricht er sich über die berühmten „Dialoge über den Getreidehandel" des neapolitanischen Geschäftsträgers am französischen Hofe, Abbé Galiani, aus. In dessen noch heute classisch zu nennendem Buche[3]), das zwar ebenfalls den freiheitlichen Standpunkt vertritt, wird doch gegenüber dem absoluten Schematismus der Physiokraten, welcher sich um die thatsächlichen Zustände nicht kümmern zu brauchen glaubt, die Relativität der handelspolitischen Maßnahmen zu Zeit und Ort betont. Daraus folgt denn freilich, daß dem Staate die Leitung der Volkswirthschaft zuzukommen hat, nicht dem „Naturgesetz", wie die Physiokraten

---

[1]) Die Uebersetzung erschien 1754 unter dem Titel: Traité sur le Commerce et sur les avantages qui résultent de la réduction de l'intérêt de l'argent par Josiah Child, avec un petit traité contre l'usure par Thomas Culpeper, Amsterdam et Berlin. Sie wurde von Gournay in Gemeinschaft mit Butel-Dumont angefertigt.

[2]) t. I. p. 194 s.

[3]) Abbé Galiani, Dialogues sur le commerce des blés. London 1770. Dasselbe erschien 1802 in deutscher Uebersetzung von D. C. W. Leicht, Glogau.

wollten. Gegen diese Auffassung wendet sich nun nachstehender Absatz des genannten Briefes von Turgot:

«Je dirai encore généralement que quiconque n'oublie pas qu'il y a des États politiques séparés les uns des autres et constitués diversement, ne traitera jamais bien aucune question d'économie politique. Je n'aime pas non plus à le voir toujours si prudent, si ennemi de l'enthousiasme, si fort d'accord avec tous les *ne quid nimis*, et avec tous ces gens qui jouissent du présent et qui sont aises qu'on *laisse aller le monde comme il va*, parce qu'il va fort bien pour eux, et qui, comme disait M. de Gournay, ayant leur lit bien fait, ne veulent pas qu'on le remue», etc.

Hier ist nun zwar nicht unser Sinnspruch, sondern seine verwandte Formel und, wie man nicht übersehen darf, eigentlich als eine Parole der Gegner gebraucht, welche letzteren sich wohl dabei befänden, wenn man die Dinge gehen lasse, wie sie gehen, weil es zu ihrem Vortheile gereiche. Von dieser Art des laissez faire et laissez passer wollten also weder Gournay noch die Physiokraten etwas wissen. Immerhin sieht man hieraus, daß der Handelsintendant seine Schlagworte und bildlichen Ausdrücke treffend handhabte, wobei er sie allerdings bald auf den eigenen, bald auf den entgegengesetzten Standpunkt anwendete.

Auf alle Fälle erkennen wir aus den mitgetheilten Proben, daß Gournay die gedrungenen und bildlichen Ausdrücke in seinen Gesprächen liebte. In dieser Hinsicht steht demnach der Möglichkeit, daß die Ergänzung des Sinnspruches auf eine Aeußerung von ihm zurückzuführen sei, nichts entgegen. Ja, sie läßt sich noch durch anderweitige Gründe stützen.

Die Maxime laissez faire et laissez passer, wenn auch in ihrer Stammform schon den gesammten Ideengehalt bis zu einem gewissen Grade in sich schließend, betont doch in ihrer Zusammenstellung die Freiheit einestheils der Hervorbringung (Gewerbefreiheit) und anderntheils des Kaufsverkehr

(Handelsfreiheit). Gournay war nun von Haus aus Groß=
händler. Daß man von ihm insofern wohl eine sprach=
liche Wendung erwarten dürfe, welche dieses Gebiet berührt,
liegt nahe. Weiß man doch im Uebrigen, daß er während
seiner Amtsthätigkeit mit aller Energie gegen die den Handel
mit den Kolonien monopolisirenden Privilegien der Indischen
Compagnie ankämpfte. Dieses Monopol, zumal so weit es
sich auf den ausschließlichen Vertrieb der farbigen indischen
Baumwollwaaren (indiennes, toiles peintes) bezog, zu zerstören,
war das Ziel, welches sich Gournay bei der Rückkehr von
seiner letzten Reise vorgesteckt hatte. Ein heftiger Kampf ent=
brannte gegen das Jahr 1758 um dieses Monopol, wobei der
Handelsintendant mit seinen Schülern in vorderster Linie
stand. Erst nach seinem Tode sollte die Bewegung zum Siege
führen. Am 5. und 11. September 1759 wurden zwei Lettres
de patentes du Roi[1]) erlassen, vermöge deren das Monopol
der Compagnie hierüber aufgehoben, die Herstellung und
der Vertrieb der toiles peintes im Innern des Reiches frei=
gegeben, dafür aber auf die Einfuhr der betreffenden Stoffe
ein Werthzoll von 10, 15 und 20 % gelegt wurde, gemäß
den Vorschlägen Gournay's und seiner Gruppe.

Ohne Zweifel waren es vornehmlich die Aufregungen und
Wechselfälle des von beiden Seiten sehr heftig geführten
Kampfes,[2]) auf welche sich die Worte des Marquis de Mi=
rabeau beziehen: „Ermüdet von der unfruchtbaren Rolle, eine
Stimme in der Wüste zu sein, zogst du dich aus dem Heilig=
thum dieses mit Kröpfen behafteten Volkes zurück, welches
dich entstellt fand, weil du selber keinen hattest."

Vielleicht dürfen wir in dieser Bemerkung auch einen Wink
für den näheren Zeitpunkt erblicken, in welchem das Zusam=

---

[1]) Dieselben finden sich mitgetheilt im Jahrgang 1760 des Journal
Œconomique, wo auch eine Uebersicht der über die Frage entstandenen Lite=
ratur gegeben wird. April, p. 161 u. s. w.

[2]) Merkwürdigerweise enthält das Eloge Turgot's auf Gournay nichts
über denselben.

mentreffen beider Männer und damit die Entbindung des wahrscheinlich von Gournay nur zufällig gebrauchten Ergänzungsausdruckes stattfand.

Schon der Umstand, daß der Marquis den Besuch Gournay's so überaus hoch anschlug, läßt vermuthen, der Letztere sei schon ziemlich leidend gewesen, zumal keine Wiederholung des Zusammentreffens stattfand. Und wenn wir noch in Betracht ziehen, daß in die zweite Hälfte des Jahres 1758 ein besonderes Ereigniß fiel, welches den Unmuth des Handelsintendanten zur Flamme anfachen mußte, so dürften wir auf eine ziemlich bestimmte Zeitannahme geführt werden.

Seit August 1757 war der Generalfinanzkontroleur Boullogne im Amte. Von der Finanznoth des Staates gedrängt, hatte er im Monat August des folgenden Jahres (1758) ein königliches Edikt veranlaßt, durch welches allen Städten und größeren Ortschaften Frankreichs ein sogenanntes don gratuit für sechs Jahre auferlegt wurde, mit der Erlaubniß, «d'établir des droits d'entrée pour payer leur contingens».[1]) Man kann sich vorstellen, welchen Kummer dieses Edikt einem Manne wie Gournay bereiten mußte, der alle seine Bemühungen um Aufhebung solcher inneren Verkehrsschranken mit einem Schlage vernichtet und deren Wiederaufnahme auf lange Zeit unmöglich gemacht sah. Daß ihm in solchem Augenblicke die besondere Betonung nahe lag, es bedürfe für die Volkswirthschaft eines Landes nicht blos des laissez faire, sondern auch des laissez passer, ist sehr wahrscheinlich. Freilich ist damit noch lange nichts für die volle Uebereinstimmung der Ansichten Gournay's mit denjenigen Quesnay's dargethan.

Ist nun unsere Vermuthung richtig, so haben wir jene Unterredung, in welcher der Sinnspruch zuerst in der vollen Ausdehnung gemäß dem Berichte des Marquis de Mirabeau

---

[1]) J. Bresson, Histoire financière de la France, Paris 1829, t. 1. p. 484.

gebraucht wurde, auf August oder September des Jahres 1758 zu setzen.

Wo das Zusammentreffen stattgefunden habe, ersehen wir aus der Mittheilung des Marquis nicht. Gewiß ist nur, daß es auf seine Veranlassung und nicht auf diejenige des Intendanten stattgefunden hatte, wie sich aus den Worten ergibt: „Du eiltest herbei auf meinen brüderlichen Ruf." Damit ist keineswegs gesagt, daß es gerade in der Wohnung des Marquis gewesen sein müsse und daß nicht auch noch andere Menschen der Begegnung beigewohnt haben könnten; doch darf man Versailles füglicherweise als ausgeschlossen betrachten. Vielleicht führt uns eine Erzählung in den Memoiren der Madame du Hausset auf die richtige Fährte. Sie berichtet:[1])

„Eines Tages war ich in Paris und begab mich zu dem Doktor (Quesnay), der sich ebenfalls dort befand. Er hatte gegen seine Gewohnheit viele Leute bei sich und darunter einen jungen maître des requêtes von schöner Gestalt, welcher den Namen irgend eines Landgutes trug, dessen ich mich nicht mehr erinnere, und welcher der Sohn des Prévôt des Marchands Turgot war. Man sprach viel über Administration, was mich zuerst wenig unterhielt. Darauf kam die Rede auf die Liebe der Franzosen zu ihrem Könige. Herr Turgot ergriff das Wort und sagte: „Diese Liebe ist keineswegs blind, sie ist eine unbestimmte Erinnerung an große Wohlthaten. Die Nation, ja ich werde noch mehr sagen, Europa und die Menschheit, verdanken einem Könige Frankreichs (ich habe den Namen vergessen) die Freiheit; er hat die Gemeinden gegründet und einer unendlichen Menge Menschen eine bürgerliche Existenz verschafft. Ich weiß wohl, daß man mit Grund einwenden kann, derselbe habe seinen eigenen Vortheil bei jenen Befreiungen verfolgt, nämlich dadurch, daß man ihm Grundzinse zahlte und daß die Macht der Großen und des Adels

---

[1]) p. 162 f.

geschwächt wurde, aber was folgt daraus? Einfach, daß diese Maßregel ebenso nützlich, politisch wie menschlich war." Von den Königen im Allgemeinen ging man dann zu Ludwig XV. über, und derselbe Turgot sagte, daß seine Regierung immer berühmt bleiben werde, von wegen des Fortschrittes der Wissenschaften, der Aufklärungen und der Philosophie. Er fügte hinzu, Ludwig XV. mangle, was Ludwig XIV. zu viel gehabt habe, eine große Meinung von sich selbst; er sei unterrichtet und Niemand kenne besser die Topographie Frankreichs als er; im Conseil sei seine Ansicht immer die richtigste; immerhin sei es nicht schön, daß er so wenig Vertrauen zu sich selbst gehabt oder sein Vertrauen nicht in einen von der Nation gebilligten Premierminister gesetzt habe. Jedermann war seiner Meinung. Ich bat Quesnay, das was der junge Turgot gesagt, aufzuschreiben, und ich zeigte es Madame. Sie äußerte sich lobend über den maître des requêtes und, nachdem sie davon zum Könige gesprochen, sagte dieser: Das ist eine gute Race."

Diese Versammlung hat jedenfalls vor dem Tode Gournay's stattgefunden, da Turgot noch als maître des requêtes aufgeführt wird. Unmittelbar nach dem Tode seines Freundes und einer daran geknüpften Schweizerreise wurde er als Intendant nach Limoges berufen. Auch geht man wohl nicht irre, wenn man annimmt, die Veranlassung zu jenen uns fremdartig vorkommenden Lobsprüchen auf Ludwig XV. habe der Erinnerung an das zu Anfang des Jahres 1757 erfolgte Attentat auf den König gegolten, wodurch bekanntlich ein wahrer Loyalitätssturm für den „vielgeliebten" König entfesselt worden war.

Ob nun dies jene Versammlung war, zu welcher sich auch Gournay eingefunden hatte, läßt sich natürlich nicht behaupten. Allein gerade die im Vordergrunde stehende Antheilnahme Turgot's läßt es nicht als unmöglich erscheinen, daß es sich bei dieser ausnahmsweise zahlreichen Gesellschaft bei Quesnay um eine mit von ihm arrangirte Zusammenkunft in Paris handelte, welche vielleicht den Zweck hatte, Gournay mit der Gruppe des Versailler Arztes und zumal mit dem Marquis de Mirabeau auf dessen Wunsch zusammenzuführen.

Sei dem, wie ihm wolle! Immerhin dürfen wir als Resultat unserer diesbezüglichen Untersuchung so viel hinstellen, daß kein Grund besteht, die Angabe des Marquis de Mirabeau in Zweifel zu ziehen, wonach der Sinnspruch laissez faire et laissez passer in einer Zusammenkunft, welcher Gournay beigewohnt, von diesem Letzteren gebraucht worden sei. Allerdings kann von einer Urheberschaft nur rücksichtlich der Ergänzung durch die Worte laissez passer die Rede sein. Ferner müssen wir den Vorbehalt machen, daß der Ausspruch im Kreise der Theoretikergruppe, innerhalb deren er gefallen ist, schließlich eine viel entscheidendere und ausgedehntere Bedeutung erhalten hat, als er von Demjenigen, an dessen Namen er angeknüpft wird, gemeint gewesen sein kann. Dieser letztere Punkt ergab sich hier allerdings nur andeutungsweise. Seine volle Klarlegung kann erst auf Grund der Vorführung desjenigen Materials erlangt werden, welches uns von dem Meister selbst erhalten geblieben ist, sowie des Ideenvorrathes, der sich in seiner eigenen Schule fortgepflanzt hat. Dies ist jedoch eine Aufgabe für sich, deren Ausführung, wie bemerkt, einer besonderen Abhandlung vorbehalten sei.

Resultate.

Was entnehmen wir nun unserer ganzen Untersuchung als Ergebniß?

Der Sinnspruch laissez faire et laissez passer besteht aus zwei Theilen, wovon der erste um beiläufig achtzig Jahre älter ist als der andere. Die Stammform tritt zuerst in einer Versammlung von Kaufleuten auf, welche Colbert zusammen= berufen hatte, um über die Mittel zu berathen, wie dem Handel aufzuhelfen sei. Die bald sprichwörtlich gewordene Antwort Seitens eines Mitgliedes der Versammlung, Legendre mit Namen, lautete: laissez-nous faire. Wahrscheinlich ist dieser Antwortgeber identisch mit dem Verfasser eines zu jener Zeit vielverbreiteten kaufmännischen Rechenbuches. Nach einer in der Schweiz bestehenden Tradition hat jene Versammlung zu Lyon stattgefunden. Als Zeitpunkt glaubten wir aus äußeren Gründen beiläufig das Jahr 1680 annehmen zu dürfen.

Literarisch und zwar in der Form: laissez faire tritt das Schlagwort nicht bei Boisguillebert, wie manchmal ange= nommen wird, auch nicht bei Vauban, sondern bei dem Mar= quis d'Argenson zuerst auf und zwar zunächst handschriftlich in dessen Memoiren, ungefähr um's Jahr 1736; sodann gedruckt in einer anonymen Abhandlung vom Jahre 1751 des Journal Œconomique, welche nach der gepflogenen Unter= suchung ebenfalls d'Argenson zum Verfasser hat. Von d'Ar= genson rührt nebenbei auch der bekannte Wahlspruch Pour gouverner mieux, il faut gouverner moins her, der später in der abgekürzten Form pas trop gouverner seinen Weg ge= macht hat.

Bei den Physiokraten finden wir an Stelle unseres Wahrspruches zunächst die Formel le monde va de lui-même, welche von dem älteren Mirabeau in Uebertragung des italienischen il mondo va da se in die ökonomische Literatur eingeführt wurde und zwar in dessen 1763 erschienenem Werke l'hilosophie rurale. Erst im Jahre 1767 tritt die um den Zusatz laissez passer ergänzte Maxime in einem an die Zeitschrift Ephémérides du Citoyen gerichteten und im Jahrgange 1768 veröffentlichten Briefe unter Beziehung auf den Pariser Handelsintendanten Gournay auf. Dieser Brief, der von dem älteren Mirabeau geschrieben ist, beruft sich auf eine Unterredung, welche der Schreiber kurz vor dem Tode des Handelsintendanten mit diesem gehabt haben will. Vermuthlich hat die Zusammenkunft zu Anfang September 1758 und im Beisein auch anderer Physiokraten stattgefunden. Gournay kann nicht als eigentlicher Physiokrat betrachtet werden; nicht nur war sein Verkehr mit Quesnay und seiner Schule ein sehr beschränkter, der Wahlspruch kommt auch in den wenigen uns erhaltenen Schriftwerken Gournay's nicht vor und ebensowenig in denjenigen seiner unmittelbaren Schüler. Diese letztere Gruppe folgt überhaupt einem von demjenigen der Anhänger Quesnay's abweichenden, liberal merkantilistischen Ideengange. Der von Gournay wahrscheinlich nur in beiläufiger Redewendung durch die Worte laissez passer ergänzte Wahlspruch kann somit bei ihm nicht jene einschneidende Bedeutung gehabt haben, wie er sie später bei den Anhängern Quesnay's erlangte, die ihn zur Hauptmaxime ihres Systemes erhoben, wobei sie diejenige Bedeutung fortsetzten, welche d'Argenson der Stammform laissez faire in seinen theoretischen Darlegungen eingeräumt wissen wollte.

Wie verhalten sich diese Resultate nun zu der gegenwärtig herrschenden Tradition in der ökonomischen Wissenschaft über den Ursprung unserer Devise?

Dazu dürfte es angemessen sein, uns jenen Bericht wieder zu vergegenwärtigen, von dem wir ausgegangen sind und der dem historischen Abrisse (verfaßt von v. Scheel) des Schönberg'schen Lehrbuches der Nationalökonomie entnommen war. Derselbe lautete:

„Immerhin stellt dieselbe (Physiokratie) zugleich ein Ideal der Volkswirthschaft hin, dessen Verwirklichung zu erstreben sei, und zunächst handelte es sich dabei namentlich um die thunlichste Befreiung der Wirthschaftenden von hergebrachten Schranken; eine Forderung, die Vincenz Gournay (Kaufmann, dann Finanzbeamter), der, ohne selbst Schriften hinterlassen zu haben, als Mitbegründer des physiokratischen Systemes angesehen wird, dem Könige gegenüber in dem berühmt gewordenen Wahlspruche zusammenfaßte: Laissez faire et laissez passer (Arbeits- und Handelsfreiheit)."

Diese Darstellung, die schon in der Hauptsache durch das vorstehende Resumé richtig gestellt wird, bedarf auch noch weiterer Korrekturen.

Zunächst muß darauf hingewiesen werden, daß uns auf unserem Wege niemals die geringste Andeutung aufgestoßen ist, daß der Spruch gegenüber dem Könige angewendet worden sei. Diese Mittheilung ist überhaupt ganz neu und dürfte bis zur Angabe der Quellen, woraus sie geschöpft ist, als unbegründet zu bezeichnen sein.

Ungenau ist es im Uebrigen, Gournay als einen Finanzbeamten zu bezeichnen.

Das Bureau de Commerce, an welchem Gournay von 1751 bis 1759 als einer der vier Handelsintendanten angestellt war, und das den, sich jedoch nie versammelnden, Conseil de Commerce über sich hatte, besaß eine ziemlich neutrale Stellung innerhalb der Verwaltungsabtheilungen des Staates und seine Mitglieder erfreuten sich der gleichen Berechtigung wie die Angehörigen der verschiedenen Cours souvraines, die von sich aus im Namen des Königs Entscheide treffen konnten. Das Bureau bestand aus stimmfähigen und nichtstimmfähigen Mitgliedern. Letztere waren die vier Handelsintendanten, welche die Einläufe des ihnen zugewiesenen Geschäftskreises zu verarbeiten und für die regelmäßigen Donnerstagssitzungen spruchreif zu machen hatten. Die Beschlüsse wurden dann von den aus dem Conseil du Roi erwählten acht stimm= fähigen Personen dieser Behörde gefaßt und den betreffenden Regierungsdepartements zur Ausführung übertragen, nämlich entweder der Finanzverwaltung oder der Marineverwaltung, auch wohl der Polizeiverwaltung von Paris. Der ersteren war nämlich nach Aufhebung der noch unter Colbert und Louvois bestehenden Surintendance des Bâtimens, Arts et Manufactures der ganze Innenhandel der Monarchie, so= wie der Außenhandel, soweit er zu Lande geschah, über= wiesen worden. Der Außenhandel zur See dagegen und zwar sowohl nach den Colonialländern als in Europa unterstand der Verwaltung des Marinedepartements. War es doch der damalige Vorsteher desselben, Maurepas, gewesen, welcher Gournay veranlaßt hatte, sich um das Amt eines Handelsinten= danten zu bewerben. Das Bureau de Commerce,[1]) in welchem sowohl der Contrôleur Général, wie der Marineminister und der Polizeipräsident von Paris ihren festen Sitz hatten, kann daher nicht als eine Finanzbehörde im eigentlichen Sinne an= gesehen, und Gournay in Folge dessen nicht als Finanzbeamter, wohl allerdings als Verwaltungsbeamter bezeichnet werden. Erzählt uns doch im Uebrigen Turgot, daß Gournay es gerade als die Aufgabe eines Handelsintendanten betrachtet habe, den Handel gegen die Eingriffe der Finanzverwaltung in Schutz zu nehmen. Zuzugeben ist freilich, daß Gournay am Schlusse seiner Laufbahn für ein Finanzamt in Aussicht genommen war. Als er gegen Ende seines Lebens sein Ver= mögen eingebüßt hatte und dadurch zum Verkaufe seiner Chargen genöthigt worden war, suchten seine Freunde, zu welchen auch der neuernannte Generalcontroleur der Finanzen Silhouette gehörte, ihm durch ein Amt bei der Steuerverwal=

---

[1]) Vgl. die Artikel Bureau de Commerce, Intendans du Commerce, Conseil de Commerce bei Savary, Dictionnaire, sowie in der Encyclopädie von d'Alembert und Diderot.

tung beizuspringen. Er sollte königlicher Commissär bei der ferme générale werden. Sein im Juni 1759 erfolgter Tod ließ diesen Plan jedoch nicht zur Reife gelangen.[1])

Endlich ist es falsch, den Pariser Handelsintendanten als Vincenz Gournay zu bezeichnen.

v. Scheel verwechselt hier den ursprünglich bürgerlichen Zunamen Vincent des Handelsintendanten mit dem Vornamen Vincenz. Turgot, dessen Eloge auf Gournay noch immer die Hauptquelle für die biographischen Nachrichten über diese Persönlichkeit bildet, spricht anfangs correct blos von Mr. Vincent, und erst nachdem er uns mitgetheilt, daß derselbe durch Beerbung seines Geschäftstheilhabers Jametz de Villebarre (1748) den Besitz der Herrschaft Gournay angetreten und sich darnach genannt habe, nennt er ihn de Gournay. Letzteres ist also das Adelsprädikat und der volle Name des nachmaligen Intendanten lautet nach der Angabe Turgot's: Jean-Claude-Marie Vincent, Seigneur de Gournay; abkürzungsweise Vincent de Gournay, wobei jedoch Vincent nicht als Vorname sondern als mit dem Adelsprädikat verbundener Familienzuname anzusehen ist. Der Rufname war vielmehr Jean, oder wahrscheinlicher noch Jacques; denn diese Bezeichnung finde ich in dem kurz nach dem Tode Gournay's erfolgten erstmaligen Abdrucke des Eloge im Mercure de France (August 1759) sogar mit gesperrten Lettern aufgeführt; wogegen Dupont de Nemours in seiner Gesammtausgabe der Werke Turgot's (1810) und, ihm folgend, Daire (Œuvres de Turgot, 1844) den Namen Jean gebrauchen. Bei der Unzuverlässigkeit, durch welche sich die Angaben Dupont's im Uebrigen kennzeichnen, bin ich geneigt, der älteren Lesart den Vorzug zu geben. Jedenfalls hat der Vorname Vincenz ganz und gar keine Berechtigung.

---

[1]) S. Turgot, Eloge de Gournay.

Es ergibt sich somit als Schlußergebniß, daß die über den Ursprung der Maxime laissez faire et laissez passer in der gegenwärtigen Lehrbuchliteratur verbreiteten Angaben einestheils unbegründet, anderntheils ungenau und drittentheils falsch sind, also sammt und sonders einer Correktur bedürfen.

Schluß.

Wir sind mit unserer Untersuchung zu Ende. Nicht die Geschichte der Maxime überhaupt, sondern blos die Geschichte ihres Ursprunges und Werdens hatten wir uns vorgesetzt. Die verschiedenen Schicksale derselben bis auf unsere Tage zu verfolgen, würde ein umfangreiches Werk bedingen, nicht obgleich, sondern weil der Sinnspruch auch in der Folgezeit die bedeutungsvolleren Schriften meidet und sich dafür um so lebendiger in der Journalistik und Flugschriftenliteratur tummelt.

Immerhin sei hier betont, daß der Wahlspruch laissez faire et laissez passer in der Folge nicht einmal in den Werken jenes Mannes vorkommt, dessen Namen gewöhnlich als unablösbar damit verbunden angesehen wird, nämlich nicht in den Schriften Adam Smith's.[1])

Jene irrige Annahme beruht auf einer gleichen Unterlegung wie der Ausdruck „wirthschaftliches Naturgesetz", den man ebenfalls nicht bei dem großen Reformator der Volks=

---

[1]) In dem bekannten Buche „Geflügelte Worte" von Büchmann finde ich in der 12ten Auflage, Berlin 1880, p. 377, folgende Herleitung der Maxime: „Die zur Parole der Freihandelsschule gewordenen Worte Gournay's, der, aus dem Kaufmannsstande hervorgegangen, im Jahre 1751 zu Paris die Stellung eines Intendanten des Handels erlangte, sind: laissez faire, laissez passer! Fournier in l'Esprit dans l'histoire, 2te Auflage, p. 374, sagt: Dies Wort ist von Quesnay. Smith entlehnte es von ihm für seine Abhandlung über den Reichthum der Nationen." In den späteren Auflagen der „Geflügelten Worte" ist dieser ganze Absatz wieder gestrichen. Seine Richtigstellung ergibt sich, was Quesnay angeht, aus der ganzen vorstehenden Untersuchung, sowie, Smith betreffend, aus der oben betonten Thatsache.

wirthschaftslehre findet, obgleich jedes Kind denselben glaubt mit Adam Smith in Verbindung bringen zu müssen.¹)

Man trifft auf den Wahlspruch ferner weder in den Werken von Ricardo, noch in denjenigen von Malthus. Die Klassiker der Nationalökonomie haben sich überhaupt von ihm ferngehalten.

Dagegen taucht er bei dem radikalen Staatsphilosophen Jeremias Bentham auf, und sogar in Begleitung mehrerer verwandten Neubildungen. Seinen 1821 zuerst veröffentlichten Observations on the restrictive and prohibitory commercial system²) setzt er als Motto die englische Uebertragung des Wahlspruches *Leave us alone* voraus. In der Abhandlung A manual of political economy gibt er eine andere Gestaltung am Schlusse folgenden Satzes: «The general rule is, that nothing ought to be done or attempted by government; the motto, or watch-word of government, on these occasions, ought to be — *Be quiet!*»³) Und weiterhin heißt es in gleich origineller Weise: «The request which agriculture, manufactures and commerce present to governments is as modest and reasonable as that which Diogenes made to Alexandre: *Stand out of my sunshine.*» Indessen würde man Bentham Unrecht thun, wenn man nicht erwähnen wollte, daß er selten diesen scheinbar absoluten Regeln beizufügen vergißt: «Exceptions excepted.»

Zur Centralmaxime aller volkswirthschaftlichen Wissenschaft überhaupt wurde der Spruch dann in England zur Zeit der Anti-corn-law-league erhoben. Sie ist der Inbegriff jener vielberufenen „Ideen, welche mit dem Namen Richard Cobden verknüpft sind."

---

¹) Vgl. über die Theorie des schottischen Nationalökonomen und Moralphilosophen u. A. mein Buch: Adam Smith und Immanuel Kant. I. Theil, Leipzig, Duncker & Humblot, 1877.

²) The Works of Jeremy Bentham, published by John Bowring, Edinburgh 1843, vol. III.

³) Vol. III., Chap. I.

Was den Continent anbelangt, so wurde sie, wie schon früher bemerkt, von J. B. Say in Frankreich aufgenommen. Von da an hat sie in der französischen Literatur ihren Platz behauptet, wiewohl nicht ohne zu Verbesserungsversuchen Anlaß zu geben. Mit Bezug hierauf sagt z. B. Joseph Garnier in seinem Traité d'Economie Politique[1]): «On a quelquefois proposé de remplacer la formule de *laissez faire* par celle *d'aidez à faire*; c'est ici la question de l'intervention de l'autorité, traitée dans le chapitre suivant, où il sera démontré que le meilleur moyen d'aider à faire est le plus souvent de laisser faire.»

Deutschland hat erst in den letzten Jahrzehnten eine selbständige, den französisch-englischen Einfluß abstreifende Haltung in der Nationalökonomie eingenommen, nachdem es ein ganzes Jahrhundert hindurch nur zu sklavisch dem ausländischen Fahrwasser gefolgt war. Im vorigen Jahrhundert gewann das physiokratische System in der staatswissenschaftlichen Literatur Deutschlands nicht geringe Bedeutung. Gerade der Unselbständigkeit dieser Schriften wegen sollte man annehmen dürfen, daß die Maxime hier eine lebhafte Anwendung erfahren hätte. Allein das Gegentheil ist der Fall.

Man findet dieselbe nicht bei Iselin, nicht bei Mauvillon, ja nicht einmal bei Schlettwein, dem sie doch wie auf den Leib geschnitten gewesen wäre.

Es mag sein, daß die Schwierigkeit, einen passenden deutschen Ausdruck dafür zu finden, die Ursache hievon ist; wie denn Schlagworte sich überhaupt nicht übersetzen lassen. Vielleicht darf man es als einen solchen Uebersetzungsversuch ansehen, wenn wir bei dem Baseler Isaak Iselin in seinen den Pariser «Ephémérides» nachgebildeten „Ephemeriden der Menschheit" folgenden Sätzen begegnen:

„Darum bleibt dies eine große, wahre, niemals ungestraft zu verletzende Maxime:

Lasset der Natur ihren Gang!

---

[1]) Paris, Guillaumin & Cⁱᵉ, huitième édition, 1880, § 173.

O möchten wir diese goldene Regel den Herzen aller Fürsten und aller Minister einprägen können. Die Erde würde bald eine andere Gestalt haben."

Diese Stelle ist die einzige, welche nach meinen Nachforschungen einen Anlauf zur Uebersetzung nimmt.

Im neunzehnten Jahrhundert hat die Maxime dann in den Kämpfen, welche sich um die Gründung und Erhaltung des Zollvereins drehten, eine gewaltige, dieses deutsche Nationalwerk oft in Frage stellende Wirksamkeit entfaltet.¹)

Immerhin würde der Sinnspruch, wenn er sein Aktionsfeld stets nur auf die Zollverhältnisse beschränkt haben würde, eine relativ nützliche Rolle behauptet haben und auch noch in unseren Tagen spielen können. Neben den Haussiers muß es auch Baissiers geben. Allein man ist hiebei nicht stehen geblieben und hat ihn auf den Boden der Sozialpolitik hinüber gezogen, wo er nicht hergekommen war und wo er nichts zu suchen hatte.

Die Zollfragen können, wenn nicht alle, so doch zum großen Theil noch als Fragen des dritten Standes aufgefaßt werden. Wo es sich blos um größeren oder geringeren Geschäftsprofit beim Einkauf und Verkauf handelt, hat der Staat keine vormundschaftliche Mission. Die soziale Frage unserer Tage ist aber in erster Linie eine solche des vierten Standes und, wie es sich hier nicht um Profit, sondern um Existenz handelt, so gelten hier auch andere Prinzipien.

---

¹) Die damals, wie namentlich auch in unseren Tagen oft gebrauchte Formulirung laissez faire et *laissez aller*, auch *laissez aller* et laissez passer oder abkürzungsweise *laissez aller* schlechtweg, hat keine Geschichte. Ich bin ihr in der Literatur des 18. Jahrhunderts nirgends begegnet. Andeutungsweise darf man sie etwa in dem Motto erkennen, welches Dupont de Nemours seiner Schrift Lettre à la Chambre de Commerce de la Normandie sur le Mémoire qu'elle a publié relativement au Traité de Commerce avec l'Angleterre (Rouen 1788) voransetzt:
Otez-lui ses liens et laissez-le aller.
(Evangile selon St-Jean Ch. XI, v. 44.)

Wird jener Spruch auf das soziale Gebiet übertragen und hier, wie es von dem modernen Manchesterthum geschieht, zur Rechtfertigungsmaxime der herrschenden Klassen gemacht, sich der allgemeinen Menschenpflichten gegen die unteren Klassen entschlagen zu dürfen, so verkehrt er sich in sein Gegentheil. Er wird dann zur Parole des herzlosen, sich heuchlerisch mit dem Mantel angeblicher Wissenschaft umkleidenden Kapitalismus.

Die Maxime laissez faire et laissez passer, welche von Haus aus eine Parole der Unterdrückten war und einem nicht uneblen Fortschritts= und Freiheitsdrange entsprang, ist auf sozialem Gebiete in unseren Tagen, zur gehässigen Unterdrückungs= und Hemmschrittsparole geworden. Das alte Laissez-nous faire seiner Zeit gegen die Hinderungen der Regierungsgewalt gerichtet und sonach als ein aktives Prinzip gedacht, ist jetzt prinzipiell gleichsam in das Recht des Rien faire umgeschlagen. Das Privilegium der besitzenden Klassen, in gesellschaftlicher Hinsicht Nichts thun zu brauchen, wobei man sich noch im Malthus'schen Sinne auf ein soziales, mit Strafe drohendes Naturgesetz beruft, das ist es, was jetzt Seitens des Manchesterthums auf jene Maxime gestützt wird.

In dieser Anwendung ist es ein zwar vorläufig sehr bequemes, auf die Dauer aber höchst gefährliches Prinzip. Gefährlich nicht bloß für die Glieder des vierten Standes, die nun dem Gefühle ihrer Hülflosigkeit überantwortet werden; gefährlich zumal auch für die oberen Klassen. Denn man wolle nicht übersehen, daß in der Devise ein anarchistisches Element steckt. Anarchistisch kann man ja sein, nicht blos von untenher, durch Außerachtlassung der passiven Menschenpflichten im Wege des gewaltsamen Umsturzes; anarchistisch kann man auch sein von obenher, durch Unterlassung der aktiven Menschenpflichten im Wege des egoistischen Gehenlassens.

«Aidez à faire» sagt der Franzose; „Helft euch untereinander" würde man im weiteren Sinne wohl besser im

Deutschen sagen — es wäre ein neues Schlagwort an Stelle des alten. Allein sollte nicht endlich einmal die Zeit gekommen sein, wo man sich der Herrschaft der Schlagworte überhaupt begäbe und zu einer Periode des T h u n s überginge, das keines äußeren Antriebes bedarf, welches vielmehr die freiwillige Uebernahme der Mitverantwortung für die soziale Noth der Zeit als selbstverständlich ansieht und am kleinsten Punkte die Hebel ansetzt, um die große Schuld der Tage an seinem Theile abtragen zu helfen?

Es wäre ungerecht, nicht einräumen zu wollen, daß wir in diese Periode bereits eingetreten sind. Der alte Wahlspruch besitzt heutzutage kein Ansehen mehr. Er ist im Begriffe, Abschied zu nehmen. Und, da ihn gewiß niemand in diesem löblichen Thun irre machen wird, so wollen auch wir uns nunmehr von ihm verabschieden, indem wir uns gestatten zum Schlusse auf ihn selbst die Maxime anzuwenden:

Laissez faire et laissez passer!

Inhaltsübersicht.

		Seite
I.	Die Ueberlieferung	3
II.	Laissez-nous faire	12
III	Erstes Auftreten des «Laissez faire» in der Wissenschaft .	39
IV.	Laissez passer .	81
V.	Resultate	. 120
VI.	Schluß	. 126